（宋）蘇軾　撰

明成化本東坡七集

第二三

國家圖書館出版社

第二三册目録

重刊明成化本東坡七集

東坡奏議卷第十二

論綱梢欠折利害狀

乞罷轉般倉斗子倉法狀

乞罷税務歲終賞格狀

乞歲運額斛以到京定殿最狀

申明揚州公使錢狀

乞罷宿州修城狀

乞擢用林豫劄子

乞賻贈劉季孫狀

再論李直方捕賊功効乞別與推恩劄子

乞免五谷力勝税錢劄子

奏內中車子爭道亂行劄子

再薦宗室令畤劄子

論綱梢欠折利害狀

元祐七年七月二十七日龍圖閣學士左朝奉郎知揚州蘇軾狀奏臣聞唐代宗時劉晏為江淮轉運使始於揚州造轉運舡每舡載一千石十舡為一綱揚州差軍將押赴河陰每造一舡破錢壹阡貫而實費不及五百貫或譏其枉費晏曰大國不可以小道理凡所舩置須謀經久舡場既興執事者非一須有餘剩衣食養活

衆人私用不窘則官物牢固乃於楊子縣置十舡場差
專知官十人不數年間皆致富贍凡五十餘年舡場既
無破敗餽運亦不闕絶至咸通末有杜侍御者始以
一千石舡分造五百石舡二隻舡既敗壞而吳堯卿者
為揚子院官始勘會每舡合用物料實倍估給其錢
無復寛剩專知官十家即時凍餒而舡場遂破餽運不繼
不乆遂有黄巢之亂劉晏以一千貫造舡破五百貫為
干繫人欺隠之資以今之君子寡見淺聞者論之可謂
疏繆之極矣然晏運四十萬石當用舡四百隻五年而
一更造是歲造八十隻也每隻剩破五百貫是歲失四

萬貫也而吴堯卿不過為朝廷歲寬四萬貫耳得失
至微而餽運不繼以貽天下之大禍臣以此知天下之大
計未甞不成於大度之士而敗於寒陋之小人也國家財
用大事安危所出願常不與寒陋小人謀之則可以經
久不敗矣臣竊見嘉祐中張方平為三司使上論京
師軍儲云今之京師古所謂陳留四通八達之地非如雍
洛有山河之險足恃也特恃重兵以立國耳兵恃食食
恃漕運漕運一虧朝廷無所措手足因畫十四策內
一項云糧綱到京每歲少欠不下六七萬石皆以折會
償填發運司不復抱認非祖宗之舊也臣以此知嘉

祐以前歲運六百萬石而以欠折六七萬石爲多訪聞
去歲止運四百五十餘萬石而欠折之多約至三十餘萬
石運法之壞一至於此又臣到任未幾而所斷糧綱欠
折干繫人徒流不可勝數衣糧罄於折會舡車盡於
折賣質妻鬻子飢瘦伶俜聚爲乞丐散爲盜賊竊
計京師及緣河諸郡例皆如此朝廷之大計生民之大
病如臣等輩豈可坐觀而不救耶輙問之於吏乃金
部便敢私意創立此條不取聖旨公然行下不惟非
理刻剥敗壞祖宗法度而人臣私意乃能廢格制敕
監司州郡靡然奉行莫敢誰何此豈小事哉謹按一

綱三十隻舡而稅　那官不過一員未委如何隨舡
點檢得三十隻舡一時皆　而不勒留住岸一舡點
檢即二十九隻舡皆須住岸伺候顯是違條舞法
析文破敕苟以隨舡為名公然勒留點檢與兒戲無
異訪聞得諸州多是元祐三年以來始行點檢收稅行
之數年其弊乃出綱梢既皆赤露妻子流離性命不
保雖加刀鋸亦不能禁其攘竊此弊不革臣恐今後
欠折不止三十餘萬石京師軍儲不繼其患豈可勝言
揚州稅務自元祐三年十月始行點檢收稅至六年終
凡三年間共收糧綱稅錢四千七百餘貫折長補短每

歲不過收錢一千六百貫耳以淮南一路言之眞揚高郵
楚泗宿六州軍所得不過萬緡而所在稅務専欄因
金部轉運司許令點檢緣此為姦邀難乞取十倍於
官遂致綱梢皆窮困骨立亦無復富商大賈肯以物
貨委令搭載以此専仰攘取官米無復限量折賣舡
版動使淨盡事敗入獄以命償官顯是金部與轉運司
違條刻剥得糧綱稅錢一萬貫而令朝廷失陷綱運米
三十萬餘石利害皎然今來倉部並不體訪綱運致
欠之因却言緣倉司斗子乞覓綱梢錢物以致欠折遂
立法令眞揚楚泗轉般倉並行倉法其逐處斗子仍

只存留一半命下之日揚州轉般倉㪷子四十人皆詣臣陳狀盡乞歸農臣雖且多方抑按曉諭退還其狀然相度得此法必行則見今㪷子必致星散雖别行召募未必無人然皆是浮浪輕生不畏重法之人所支錢米決不能贍養其家不免乞取既冒深法必須重賂輕賫密行交付其押綱綱梢等知專㪷若不受賂必無寛剩㪷面決難了納即須多方密行重賂不待求乞而後行用此必然之理也臣細觀近日倉部所立條約皆是枝葉小節非利害之大本何者自熈寧以前中外並無倉法亦無今來倉部所立條約而歲運六百萬石欠折不

過六七萬石蓋是朝廷捐商稅之小利以養活綱梢而緣路
官司遵守編敕法度不敢違條點檢收稅以致綱梢飽
暖愛惜身命保全官物事理灼然臣已取責得本州稅
務狀稱隨舡點檢不過檢得一舡其餘二十九舡不免住岸
伺候顯有違礙臣尋已備坐元祐編敕曉示今後更不
得以隨舡為名違條勒令住岸點檢去訖其稅務官吏
為准本州及倉部發運轉運司指揮非是自擅為條未
敢便行取勘其諸州軍稅務非臣所管無由一例行下
欲乞朝廷申明元祐編敕不得勒令住岸條貫嚴賜約束
行下并乞廢罷近日倉部起請倉法仍取問金部官吏

不取聖旨擅立隨船一法刻剝兵梢敗壞綱運以誤國計

及發運轉運司官吏依隨情罪施行庶使今後刻薄

之吏不敢擅行曾聰取小而害大得一而喪百臣聞東

南餽運所係國計至大故祖宗以來特置發運司專

任其責選用既重威令自行如昔時許元輩皆能約

束諸路主張綱運其監司州郡及諸場務豈敢非理

刻剝邀難但發運使得人稍假事權東南大計自然

辦集豈假朝廷更行倉法此事最爲簡要獨在朝廷

留意而已謹具元祐編敕及金部擅行隨船點檢指

揮如左

一准元祐編敕諸綱運舡栰到岸檢納稅錢如有
違限如限內無故稽留及非理搜檢并約喝無
名稅錢者各徒二年
諸新錢綱及糧綱緣路不得勒令住岸點檢雖有
透漏違禁之物其經歷處更不問罪至京下鏁
通津門准此
一准元祐五年十一月十九日尚書金部符省部看詳
監糧綱運雖不得勒留住岸若是隨船點檢
得委有稅物名件自合依例饒潤收納稅錢即無
不許納稅錢事理若或別無稅物自不得依例

唱免稅錢事理甚明

右謹件如前者若朝廷盡行臣言必有五利綱梢飽暖惜身畏法運餽不大陷失一利也省徒配之刑消流亡賊盜之患二利也梢工衣食既足人人自重以船爲家既免折賣又常修完省逐處舡場之費三利也押綱綱梢既與客旅附載物貨官不點檢專欄無乞取然梢工自須赴務量納稅錢以防告訐積少成多所獲未必減於今日四利也自元豐之末罷市易務導洛司堆垛場議者以爲商賈必漸通行而今八年略無絲毫之効京師酒稅課利皆虧房廊邸店皆空何也蓋祖

宗以來通許綱運攬載物貨既免征稅而脚錢又輕
故物貨通流緣路雖失商稅而京師坐獲富庶自導
洛司廢而淮南轉運司陰收其利數年以來官用窘
逼轉運司督迫諸處稅務日急一日故商賈全然不
行京師坐至枯涸今若行臣此策東南商賈久閉乍通
其來必倍則京師公私數年之後必復舊觀此五利
也臣竊見近日官私例皆輕玩國法習以成風若朝
廷以臣言為非臣不敢避妄言之罪乞賜重行責罰
若以臣言為是即乞盡理施行少有違戾必罰無赦
則所陳五利可以朝行而夕見也謹錄奏聞伏候敕旨

貼黄本州已具轉般倉㪷子二十人不足於用必
致闕誤事理申乞依舊存留四十人去訖其㪷子
所行倉法臣又體訪得深知綱運次第人皆云
行倉法後欠折愈多若㪷子果不取錢則裝發
更無㪷面兵梢未免偷盜則欠折必甚於今若
㪷子不免取錢則舊日行用一貫會須取三兩貫
方肯收受然不敢當面乞取勢須宛轉託人減
刻隅落為害滋深伏乞朝廷詳酌早賜廢罷且
依舊法
又貼黄臣今看詳倉部今來起請條約所行倉

法支用錢米不少又添差監門小使臣支與驛券又許諸色人告捉搆合乞取之人先支官錢五十貫爲賞又支係省上供錢二萬貫召募綱梢如此之類費用浩大然皆不得利害之要行之數年必無所補臣今所乞不過減却淮南轉運司違條收稅錢一萬貫綱梢飽暖官物自完其利甚大

乞罷轉般倉斗子倉法狀

元祐七年八月一日龍圖閣學士左朝奉郎知揚州蘇軾狀奏右臣近於七月二十七日具狀奏論綱梢欠折利害內一

事乞罷眞揚楚泗轉般倉𣃚子倉法并乞揚州轉般倉𣃚子依舊存留四十人今來揚州轉般倉𣃚子四十人並曾詣臣投狀乞一時歸農臣雖且抑按曉喻退還其狀然體訪得衆情未安惟欲逃竄兼訪聞泗州轉般倉𣃚子已竄却一十二人深慮逐州轉般倉𣃚子漸次星散別行召募必是費力兼恐多是浮浪輕犯重法之人愈見敗壞綱運其逐一利害已具前狀只乞朝廷詳酌先次施行廢罷轉般倉𣃚子倉法及揚州依舊存留轉般倉𣃚子四十人為額仍乞入急遞行下貴免𣃚子星散住滯綱運謹録奏聞伏候敕旨

乞罷稅務歲終賞格狀

元祐七年八月初五日龍圖閣學士左朝奉郎知揚州蘇軾狀奏准元祐二年八月二十四日敕陝西轉運司奏准敕節文賣鹽并酒稅務增剩監專等賞錢更不支給本司相度欲且依舊條支給所貴各肯用心趂辦課利戶部狀欲依本司所乞並從元豐賞格依舊施行檢會元豐七年六月二十四日敕賣鹽及稅務監官年終課利增額計所增數給一釐鹽務專副秤子稅務專欄年終課利增額計所增數給半釐及檢會元豐賞格酒務監官年終課利增額計所增數給二釐酒務

專匠年終課利增額計所增數給一氂者右臣聞之管
仲禮義廉耻國之四維四維不張國乃滅亡今鹽酒稅務
監官雖為卑賤然搢紳士人公卿胄子未嘗不由此進若
使此等不顧廉耻決壞四維掊歛刻剥與專攔秤匠一
處分錢民何觀焉所得毫末之利而所敗者天下風俗
朝廷綱維此有識之所共惜臣至淮南體訪得諸處
稅務自數年來刻虐日甚商旅為之不行其間課利
雖已不虧或已有增剩而官吏刻虐不為少衰詳究
厥由不獨以財用窘急轉運司督迫所致蓋緣有上件
給錢充賞條貫故人人務為刻虐以希歲終之賞顯是

借闗市之法以蓄聚私家之囊槖若朝廷悯救風俗全
養士節即乞盡罷上件歲終支賞條貫仍乞詳察上件
條貫於税務施行尤為害物先賜廢罷况祖宗以來元無
此格所立場務增虧賞罰各已明備不待此條方為勸
獎臣竊見今年四月二十七日敕廢罷諸路人戶買撲土
產税場命下之日天下歌舞以至深山窮谷之民皆免
虐害臣既親被詔旨輒敢仰縁德音推廣聖意具論利
害以候敕裁謹録奏聞伏候敕旨

乞歲運額斛以到京定殿最狀

元祐七年八月五日龍圖閣學士左朝奉郎知揚州蘇軾

狀奏右臣近者論奏江淮糧綱運欠折利害竊謂欠折之本出於綱梢貧困貧困之由起於違法收稅若痛行此一事則朞年之間公私所害十去七八此利害之根源而其他皆枝葉小節也若朝廷每聞一事輒立一法法出姦生有損無益則倉部前日所立㪷子倉法及其餘條約是矣臣愚欲乞盡賜寢罷只乞明詔發運使責以虧贏而為之賞罰假以事權而助其耳目則餽運大計可得而辦也何謂責以虧贏而為之賞罰蓋發運使歲課當以到京之數為額不當以起發之數為額也今者折欠盡以折會償塡而發運使不復抱認其數但得起發數

足則在路雖有萬數踈虞發運使不任其責矣今諸路轉運司歲運斛㪷皆以到發運司實數為額而發運司獨不以到京及府界實數為額此何義也臣欲乞立法今後發運司歲運額斛計到京欠折分釐以定殿罰則發運使自然竭力點檢矣凡綱運弊害其略有五一曰發運司人吏作弊取受交怨不公二曰諸倉專㪷作弊出入㪷器三曰諸場務排岸司作弊點檢附搭住滯四曰諸押綱使臣人員作弊減刻雇夫錢米五曰在京及府界諸倉作弊多量剰取非理騾揚如此之類皆可得而去也縱未盡去亦賢於立空法而人不行者遠矣何謂假以事權

而助其耳目蓋運路千餘里而發運使二人止在眞泗
二州其間諸色人作弊侵擾綱梢於千里之外則此
等必不能去離綱運而遠赴訴也況千里乎臣欲乞
朝廷選差或令發運使舉辟京朝官兩員爲句當綱
運自眞州至京往來點檢逐州住不得過五日至京及
本司住不得過十日以舡爲廨宇常在道路專切點檢
諸色人作弊杖以下罪許決徒以上罪送所屬施行使
綱梢使臣人員等常有所赴訴而諸色人常有所畏忌
不敢公然作弊以歲運到京數足及欠折分釐爲賞
罰行此二者則所謂人存政舉必大有益伏望朝廷

留念餽運事大特賜檢會前奏一處詳酌施行臣忝備
侍從懐有所見不敢不盡屢瀆天威無任戰恐待罪之
至謹録奏聞伏候敕旨
貼黄臣前奏乞舉行元祐編敕錢糧綱不得點
檢指揮竊慮議者必謂錢糧綱既不點檢今後
東南物貨盡入綱舡攬載則商稅所失多矣臣
以謂不然自祖宗以來編敕皆不許點檢當時不
聞商稅有虧只因導洛司既廢而轉運司陰收
其利又自元祐三年十月後來始於法外擅便隨
舡點檢一條自此商賈不行公私爲害今若依編

敕施行不惟綱梢自須投務納稅如前狀所論而
商賈坌集於京師回路物貨無由復入空綱攬載
所獲商稅必倍此必然之理也

申明揚州公使錢狀

元祐七年八月初六日龍圖閣學士左朝奉郎知揚州蘇
軾狀奏右臣勘會本州公使額錢每年五千貫文除正賜
六百貫諸雜收簇一千九百貫外二千五百貫並係賣
醋錢檢會當日初定額錢日本州醋務係百姓納淨利
課利錢承買其錢並歸轉運司當日以賣醋錢二千
五百貫入額錢即亦是撥係省官錢充數後來公使庫

方始依新條認納百姓淨利課利等錢承買逐年趂
辦上項額錢二千五百貫檢准編敕諸州公使庫許
以本庫酒糟造醋沽賣即係官監醋務本庫願認納
元額諸般課淨錢承買者聽其所收醋息錢並聽額
外收使今契勘醋庫每年酤賣到錢外除糟米本分
并認納買撲淨利課利錢外實得息錢每年只收到
一千六七百貫至二千貫以來常不及元立額錢二千
五百貫之數更豈有額外收使之理如此即顯是敕條
雖許公使庫買撲醋務而揚州獨無額外得錢之實
竊以揚於東南實為都會八路舟車無不由此使客

雜遝餽送相望三年之間八易守臣將迎之費相繼
不絶方之他州天下所無每年公使額錢只與眞泗等
列郡一般比之楚州少七百貫況今見行例冊元修
定日造酒糯米每㪷不過五十文足本州之費一切
用酒准折又難爲將例冊隨米價高下逐年增減兼
復累年接送知州實爲頻數用度不貲是致積年諸
般逋欠約計七八千貫若不申明歲月愈深積數愈
多隱而不言則州郡負違法之責創有陳乞則朝廷
有生例之難雖天下諸郡比之揚州實難攀援今來亦
不敢輒乞增添額錢及蠲收欠負只乞檢會見行條

貫當日元定額錢因依既是於係省官醋務錢内撥二千五百貫元額錢即乞逐年更不送納買撲淨利課利錢及更不用錢收買官糟庶得賣醋錢相添支用如此即積年欠負漸可還償會藩事體不至大叚衺削謹録奏聞伏候敕旨

貼黄勘會本州與杭州事體一般本州當八路口使客數倍於杭州杭州公使錢七千貫而本州止有五千貫顯是支使不足

又貼黄准條雖許公使庫收遺利緣本州委無遺利可收須至奏乞

乞罷宿州修城狀

元祐七年九月日龍圖閣學士左朝奉郎新除兵部尚書蘇軾狀奏臣近自淮南東路鈐轄被召過所部宿州體訪得本州將零壁鎮改作零壁縣及本州見准朝旨展築外城兩事各有利害既係臣前任部内公事而改鎮作縣又係兵部所管所以須至奏陳謹具條件如後

一零壁鎮人戶靳琮等先經本路及朝省陳狀乞改零壁鎮為縣却准轉運使趙偁狀稱看詳得元只是本鎮官勢有力人戶意欲置縣增添

諸般營運妄有陳狀尋准敕依奏依舊為鎮後
來有轉運使張脩等及知州周秩别行奏請却
欲置縣仍取得本鎮人戶狀稱所有置縣費用
情願自備錢物致朝廷信憑許令置縣臣今體
訪得零辟人戶出辦上件錢物深為不易元料
置縣用錢四千五十餘貫至今年八月終已納
二千八百五十餘貫其餘未納錢數認是催納
不行縱使盡行催納亦恐使用不足看詳始議
置縣只為本鎮居民曽被驚劫及人戶輸納詞訟
去縣稍遠然未置縣本縣已有守把兵士八十人

及京朝官一員曹鎮本鎮煙火盜賊別有監務官一員又已移虹縣尉一員弓手六十人在本鎮足以彈壓盜賊而本鎮去虹縣六十里至符離縣一百二十里至蘄縣一百里即非地遠又至符離縣各係水路本不須添置一縣委只是本鎮豪民蘄琮等私自為計却使近下人戶一時出錢深為不便宿州自唐以來羅城狹小居民多在城外本朝承平百餘年人戶安堵不以城小為病兼諸處似此城小人多散在城外謂之草市者甚衆豈可一一展築外城近年周秩奏論過為危語以動

朝廷意謂恐有盜賊竊據以斷運路遂奏乞展築
外城一十一里有餘役兵及雇夫共五十七萬有餘工
每夫用七十省錢召募雇夫及物料合用錢一萬九
千餘貫約五年畢工已蒙朝廷支賜抵當息錢一萬
貫欲取來年春興工臣體訪得元只是宿州豪民
多有園宅在外扇摇此説官吏不察遂與奏請况
宿州土脉踈惡若不用磚砌甃隨即頹毀若待五
年畢之則東城未了西城已壞或更用磚其費不
貲又七十省錢亦恐召募不行官吏避罪必行差
雇搔擾不細其間一事深害仁政緣今來踏逐外

城基地合起遣人戶大墳墓六千九百所小者猶不
在數不知本州有何急切利害而使居民六千九
百家暴露父祖骸骨費耗擘畫改塟若家貧無力
便致弃捐勞費公私痛傷存歿已上並有公案可
以覆驗
右臣今相度上件改鎮作縣事係已行之命兼搆築廨
宇略已見功恐難中輟而展城一事有大害而無小利
兼未曾下手猶可止罷欲乞速賜指揮更不展築却
於已支賜一萬貫錢内量新置縣合用數目特與支撥
修蓋了當其人戶未納到錢數均乞與放免謹録奏

聞伏候敕旨

乞擢用林豫劄子

元祐七年十月日龍圖閣學士左朝奉郎守兵部尚書蘇軾劄子奏臣竊謂才難之病古今所同朝廷每欲治財賦除盜賊幹邊鄙興利害常有臨事乏人之歎古人有言寬則寵名譽之人急則用介冑之士所用非所養所養非所用此古今之通患也臣伏見承議郎監東排岸司林豫自為布衣已有奇節及其從事所至有聲其在漣水屏除群盜尤著方略其人勇於立事常有為國捐軀之意試之盤錯之地必顯利

器伏望聖慈特與量材擢用若後不如所舉臣等甘伏朝典取進止

乞賻贈劉季孫狀

元祐七年十月日龍圖閣學士左朝奉郎守兵部尚書蘇軾狀奏右臣等竊聞仁宗朝趙元昊寇延州危急環慶將官劉平以孤軍來援衆寡不敵姦臣不救平遂戰歿竟罵賊不食而死詔贈侍中賜大第官其諸子慶孫貽孫宜孫昌孫孝孫保孫季孫等七人諸子頗有異材而皆不壽卒無顯者家事狼狽賜第易主獨季孫仕至文思副使年至六十篤志好學博通史

傳工詩能文輕利重義練達軍政至於忠義勇烈識者
以爲有平之風性好異書古文石刻仕官四十餘年所
得祿賜盡於藏書之費近蒙朝廷擢知隰州今年五月
卒於官所家無甔石妻子寒餓行路傷嗟今者寄食晉
州旅櫬無歸臣等實與季孫相知既哀其才氣如此死
未半年而妻子流落又哀其父平以忠義死事聲迹相
接四十年間而子孫淪替不蒙收録豈朝廷之意哉今
執政侍從多知季孫者如加訪問必得其實欲望朝廷
特詔有司優與賻贈以振其妻子朝夕飢寒之憂亦使
人知忠義死事之子孫雖跨歷歲月朝廷猶賜存卹

於奬勸之道不惟小補季孫之子三班借職璪見在
京師乞早賜指揮謹録奏聞伏候勑旨
貼黄季孫身亡合得送還人爲般孥女婿兩房
並已死盡其喪柩見在晉州無由般歸京師欲
乞指揮晉州候本家欲扶護歸葬日即與差得
力厢軍三十人節級一人般至京師
再論李直方捕賊功効乞別與推恩劄子
元祐七年十一月初四日龍圖閣學士左朝奉郎守兵
部尚書蘇軾劄子奏臣先知潁州日爲有劇賊尹遇陳
興鄭饒李松等皆宿姦大惡爲一方之患而汝陰縣尉

李直方本以進士及第母年九十餘只有直方一子相
須為命而能奮不顧身躬親持刃刺倒尹遇又能多
出家財緝知餘黨所在分遣弓手前後捕獲功効顯
著直方先公後私致所差人先獲陳興等三人而直方
躬親後獲尹遇一名與賞格小有不應臣尋具事由聞
奏乞以臣合轉朝散郎一官特與直方此附第三等循
資酬奬後來朝旨只與直方免試竊縁選人免試恩
例至輕其間以毫髮微勞得者甚多恐非所以激勸
捐軀除患之士伏望聖慈特賜檢會前奏別與推恩
仍乞許臣更不磨勘轉朝散郎一官所貴餘人難為

援例取
進止

乞免五穀力勝稅錢劄子

元祐七年十一月初七日龍圖閣學士左朝奉郎守兵部尚書兼侍讀蘇軾劄子奏臣聞穀太賤則傷農太貴則傷末是以法不稅五穀使豐熟之鄉商賈爭糴以起太賤之價災傷之地舟車輻輳以壓太貴之直自先王以來未之有改也而近歲法令始有五穀力勝稅錢使商賈不行農末皆病廢百王不刊之令典而行自古所無之弊法百世之下書之青史曰收

五穀力勝稅錢自皇宋某年始也臣竊為聖世病之臣頃在黃州親見累歲穀熟農夫連車載米入市不了鹽酪之費所蓄之家日夜禱祠願逢饑荒又在浙西累歲親見水災中民之家有錢無穀被服珠金餓死于市此皆官收五穀力勝稅錢致商賈不行之咎也臣聞以物與人物盡而止以法活人法行無窮今陛下每遇災傷捐金帛散倉廩自元祐以來蓋所費數千萬貫石而餓殍流亡不為少衰只如去年浙中水災陛下使江西湖北雇舡運米以救蘇湖之民蓋百餘萬石又計糴本水脚官費不貲而客舡被差雇者皆失業破產無所告訴與

其官私費耗為害如此何似削去近日所立五穀力勝
稅錢一條只行天聖附令免稅指揮則豐凶相濟農末
皆利縱有水旱無大飢荒雖目下稍失課利而災傷之
地不必盡煩陛下出捐錢穀如近歲之多也今元祐編
敕雖云災傷地分雖有例亦免而穀所從來必自豐熟
地分所過不免收稅則商賈亦自不行議者或欲立法
如一路災傷則鄰路免稅一州災傷則鄰州亦然雖比
今之法小為通疎而隔一路一州之外豐凶不能相救未
為良法須是盡削近歲弊法專用天聖附令指揮乃為
通濟謹具逐條如後

天聖附令

諸商販斛㪷及柴炭草木博糴糧食者並免力勝稅錢

諸賣舊屋材柴草米麪之物及木鐵爲農具者並免收稅其買諸色布帛不及疋而將出城及陂池取魚而非販易者並准此

元豐令

諸商販穀及以柴草木博糴糧食者並免力勝稅錢舊收稅處依舊例

諸買舊材植或柴草穀麪及木鐵爲農具者

並免稅布帛不及端疋并捕魚非貨物者准

此

元祐敕

諸興販斛㪷及以柴炭草木博糴糧食者並免納力勝稅錢（舊收稅處依舊例即災傷地分雖有舊例亦免）

諸賣舊材植或柴草斛㪷并麵及木鐵為農具者並免收稅布帛不及端疋并捕魚非貨易

者准此

右臣竊謂若行臣言稅錢亦必不至大段失陷何也五穀無稅商賈必大通流不載見錢必有回貨見錢回貨自

皆有稅所得未必減於力勝而災傷之地有無相通易為振救官司省費其利不可勝計今肆赦甚近若得於赦書帶下光益　聖德收結民心實無窮之利取進止

奏內中車子爭道亂行劄子 元祐七年南郊軾為鹵簿使導駕內中朱紅車子十餘兩有張紅蓋者爭道亂行於乾明寺前軾於車中草此奏奏入上在太廟馳遣人以疏白太皇太后明日中使傳命申敕有司嚴整仗衛自皇后以下皆不復迎謁中道

元祐七年十一月十三日南郊鹵簿使龍圖閣學士左朝奉郎守兵部尚書兼侍讀蘇軾劄子奏臣謹按漢成帝郊祠甘泉泰時汾陰后土而趙昭儀常從在屬車間時楊雄待詔承明奏賦以諷其略曰想西王母欣然

而上壽兮屏王女而却虞妃言婦女不當與齋祠之間也臣今備位夏官職在鹵簿准故事郊祀既成乘輿還齋宮改服通天冠絳紗袍教坊鈞容作樂還内然後后妃之屬中道迎謁已非典禮而况方當祀事未畢而中宮掖庭得在勾陳豹尾之間乎竊見二聖崇奉大祀嚴恭寅畏度越古今四方來觀莫不悦服今車駕方宿齋太廟而内中車子不避仗衛爭道亂行臣愚竊恐於觀望有損不敢不奏乞賜約束仍乞取問隨行合干勾當人施行取進止

再薦宗室令時劄子

元祐七年十二月二十二日龍圖閣學士左朝奉郎守兵部尚書兼侍讀蘇軾劄子奏臣前任潁州日曾論薦本州簽判承議郎趙令畤儒學吏術皆有過人恭儉篤行若出寒素意望朝廷特賜進擢以風曉宗室成先帝教育之志至今未蒙施行令畤今已得替在京若依前與外任差遣臣切惜之欲乞檢會前奏詳酌施行取進止

東坡奏議卷第十二

東坡奏議卷第十三

論高麗買書利害劄子三首

繳進免五穀力勝稅錢議劄子前連元祐七年十一月劄子

上圜丘合祭六議劄子

請詰難圜丘六議劄子

乞改居喪婚娶條狀

奏馬澈不當屏出學狀

乞校正陸贄奏議上進劄子

辨黃慶基彈刻劄子

謝宣諭劄子

奏乞增廣貢舉出題劄子

申省議讀漢唐正史狀

論高麗買書利害劄子

元祐八年二月初一日端明殿學士兼翰林侍讀學士左朝奉郎禮部尚書蘇軾劄子奏臣近准都省批送下國子監狀准館伴高麗人使所牒稱人使要買國子監文字請詳此印造供赴當所交割本監檢准元祐令諸蕃國進奉人買書具名件申尚書省今來未敢支賣蒙都省送禮部看詳臣尋指揮本部令申都省除可令收買名件外其策府元龜歷代史太

學敕使本部未敢便令收買伏乞朝廷詳酌指揮尋准
都省批狀云勘會前次高麗人使到闕已曾許買策
府元龜并北史今本部並不檢會體例所有人使乞
買書籍正月二十七日送禮部指揮許收買其當行人
吏上簿者臣伏見高麗人使每一次入貢朝廷及淮浙
兩路賜予餽送燕勞之費約十餘萬貫而脩飾亭館騷
動行市調發人舡之費不在焉除官吏得少餽遺外了
無絲毫之利而有五害所得貢獻皆是玩好無用之
物而所費皆是帑廩之實民之膏血此一害也所至差
借人馬什物攪撓行市修飾亭館民力倍有培費此二

害也高麗所得賜予若不分遺契丹則契丹安肯聽其來貢顯是借寇兵而資盜糧此三害也高麗名為慕義來朝其實為利度其本心終必為北虜用何也虜足以制其死命而我不能故也今使者所至圖畫山川形勝窺測虛實豈復有善意哉此四害也慶曆中契丹欲渝盟先以增置塘泊為中國之曲今乃招來其與國使頻歲入貢其曲甚於塘泊幸今契丹恭順不敢生事萬一異日有桀黠之虜以此藉口不知朝廷何以荅之此五害也臣心知此五害所以熙寧中通判杭州日因其餽送書中不稱本朝正朔卻

退其書待其改書稱用年號然後受之仍催促進發
不令住滯及近歲出知杭州却其所進金塔不為奏聞
及畫一處置沿路接待事件不令過當仍奏乞編配
狡商猾僧并乞依祖宗編敕杭明州並不許發舡往
高麗違者徒二年沒入財貨充賞并乞刪除元豐八年
九月内創立許舶客專擅附帶外夷入貢及商販一條
已上事並蒙朝廷一一施行皆是臣素意欲稍稍裁節
其事庶幾漸次不來為朝廷消久遠之害今既備員
禮曹乃是職事近者因見館伴中書舍人陳軒等申
乞盡數差勒相國寺行鋪入館鋪設以待人使買賣不

惟移市動衆奉小國之陪臣有損國體兼亦抑勒在京
行鋪以資吏人廣行乞取弊害不小所以具申都省乞
不施行其乖方作弊官吏並不蒙都省略取問今來只
因陳軒等不待申請直牒國子監收買諸般文字內有
策府元龜歷代史及敕式國子監知其不便申禀都省
送下禮部看詳臣謹按漢書東平王宇來朝上䟽求諸
子及太史公書當時大臣以謂諸侯朝聘考文章正法
度非理不言今東平王幸得來朝不思制節謹度以防
遺失而求諸書非朝聘之義也諸子書或反經術非聖
人或明鬼神信物怪太史公書有戰國縱横權譎之謀

漢興之初謀臣奇策天官災異地形阨塞皆不宜在諸侯王不可予詔從之臣竊以謂東平王骨肉至親特以備位藩臣猶不得賜而况海外之裔夷契丹之與國乎臣聞河北榷場禁出文書其法甚嚴徒以契丹故也今高麗與契丹何異若高麗可與即榷場之法亦可廢兼竊聞昔年高麗使乞賜太平御覽先帝詔令館伴以東平王故事為詞却之近日復乞詔又以先帝遺旨不與今歷代史策府元龜及北史竊以謂前次本不當與若便以為例即上乖先帝遺旨下與今來不賜御覽聖旨異同深為不便故申都省止是乞賜詳酌指揮未為過

當便蒙行遣吏人上簿書罪臣竊謂無罪可書雖上簿簿責至為末事於臣又無絲毫之損臣非為此奏論所惜者無厭之虜事事曲從官吏能循其意雖動衆害物不以為罪稍有裁節之意便行詰責今後無人敢逆其請使意得志滿其來愈數其患愈深所以須至極論仍具今來合處置數事如後

一臣在杭州日奏乞明州杭州今後並不得發舶往高麗蒙已立條行下今來高麗使却搭附閩商徐積舶舡入貢及行根究即稱是條前發舶臣竊謂立條已經數年海外無不聞知而徐積猶執前

條公憑影庇私商往來海外雖有條貫實與無同
欲乞特降指揮出榜福建兩浙緣海州縣與限半
年内令繳納條前所發公憑如限滿不納敢有執
用並許人告捕依法施行
貼黄據陳軒所奏語録即是高麗知此條
今來高麗使所欲買歷代史策府元龜及敕式
乞並不許收買
貼黄准都省批狀指揮人使所買書籍内有敕
式若令外夷收買事體不便看詳都省本為策府
元龜及北史前次已有體例故以禮部並不檢會

為罪未委敕式有何體例一槩令買

一近日館伴所申乞為高麗使買金薄一百貫欲於杭州粧佛臣未敢許已申禀都省切慮都省復以為罪切縁金薄本是禁物人使欲以粧佛為名久住杭州搔擾公私竊聞近歲西蕃阿里骨乞買金箔朝廷重難其事節次量與應副今來高麗使朝辭日數已迫乞指揮館伴令以打造不出為詞更不令收買

一近據館伴所申乞與高麗使抄寫曲譜臣謂鄭衛之聲流行海外非所以觀德若畫朝旨特為抄寫

尤為不便其狀臣已收殺不行
貼黄臣前在杭州不受高麗所進金塔雖曾密奏
聞元只作臣意度愧絶兼自來館伴虜使若有所
求請不可應副即須一面說諭不行或其事體大
即候拒訖密奏今陳軒等事事曲從便為申請
若不施行即顯是朝廷不許使虜使悅已而怨
朝廷甚非館伴之體
右所有申都省狀其歷代史策府元龜及敕式乞詳酌
指揮事並出臣意不干僚屬及吏人之事若朝廷以為有
罪則臣乞獨當責罰所有吏人乞不上簿取進止

貼黄臣謹按春秋晉盟主也鄭小國也而晉之執
政韓起欲買玉環於鄭商人子產終不與曰大國之
求若無禮以節之是鄙我也又晉平使其臣范昭觀
政於齊昭請齊景公之觴為壽晏子不與又欲奏
成周之樂太師不許昭歸謂晉侯曰齊未可伐也臣
欲亂其禮而晏子知之欲亂其樂而太師知之今高
麗使契丹之黨而我之陪臣也乃敢干朝廷求買
違禁物傳寫鄭衛曲子譜褻瀆甚矣安知非黠
虜欲設此事以嘗探朝廷深淺難易乎而陳軒等
事事為請恐失其意臣竊惑之又據軒等語録

云高麗使言海商擅往契丹本國王捉送上國乞更
賜約束恐不穩便而軒乃荅之風訊不順飄過乃是
與閩中狡商巧説詞理許令過界切緣私往北界
條禁至重海外陪臣猶知遵禀而軒乃為歸咎於
風以薄其罪豈不乖戾倒置之甚乎臣忝備侍
從事關利害不敢不奏

又

元祐八年二月十五日端明殿學士兼翰林侍讀學士左
朝奉郎守禮部尚書蘇軾劄子奏臣近奏論高麗使
所買書籍及金箔等事准尚書省劄子二月十三日三省

樞密院同奉聖旨所買書籍曾經收買者許依例收買
金箔特許收買餘依奏吏人免上簿者臣所以區區論
奏者本為高麗契丹之與國不可假以書籍非止為吏人
上簿也今來吏人獨免上簿而書籍仍許收買臣竊惑
之檢會元祐編敕諸以熟鐵及文字禁物與外國使人
交易罪輕者徒二年看詳此條但係文字不問有無妨害
便徒二年則法意亦可見矣以謂文字流入諸國有害無
利故立此重法以防意外之患前來許買策府元龜及北
史已是失錯古人有言一之謂甚豈可再乎今乃廢見行
編敕之法而用一時失錯之例後日復來例愈成熟雖

買千百部有司不敢復執則中國書籍山積於高麗而雲布於契丹矣臣不知此事於中國得爲穩便乎昔齊景公田招虞人以旌不至曰招虞人以皮冠孔子韙之曰守道不如守官夫旌與皮冠於事未有害然且守之今買書利害如此編敕條貫如彼比之皮冠與旌亦有間矣臣當謹守前議不避再三論奏伏望聖慈早賜指揮取進止

貼黄臣點檢得館伴所公案内有行下承受所收買文字數内有一項所買策府元龜敘兵雖不曾賣與然高麗之意亦可見矣

又貼黄臣已令本部備録編敕條貫符下高麗人

使所過州郡約束施行去訖亦合奏知

又

元祐八年二月二十六日端明殿學士兼翰林侍讀學士左朝奉郎守禮部尚書蘇軾劄子奏臣近再具劄子奏論高麗買書事今准敕節文檢會國朝會要淳化四年大中祥符九年天禧五年曾賜高麗九經書史記兩漢書三國志晉書諸子曆日聖惠方陰陽地理書等奉聖旨依前降指揮臣前所論奏高麗入貢為朝廷五害事理灼然非復細故近又檢坐見行編敕再具論奏並不蒙朝廷詳酌利害及編敕法意

施行但檢坐國朝會要已曾賜予便為收買竊緣臣所論奏所計利害不輕本非為有例無例而發也事誠無害雖無例亦可若其有害雖百例不可用也而況會要之為書朝廷以備檢閱非如編敕一一皆當施行也臣只乞朝廷詳論此事當遵行編敕耶為當檢行會要而已臣所憂者文書積於高麗而流於北虜使敵人周知山川險要邊防利害為患至大雖曾賜予乃是前日之失自今止之猶賢於接續許買蕩然無禁也又高麗人入朝動獲所欲頻歲數來馴致五害如此之類皆不蒙朝廷省察深慮高麗人復來遂成定

例所以須至再三論奏兼今來高麗人已發無可施

行取進止

貼黃今來朝旨止為高麗已曾賜予此書復許

接續收買譬編敕禁以熟鐵與人使交易豈是外

國都未有熟鐵耶謂其已有反不復禁此大不

可也

繳進免五穀力勝稅錢議劄子前連元祐七年十一月劄子

元祐八年三月十三日端明殿學士兼翰林侍讀學

士左朝奉郎守禮部尚書蘇軾劄子奏臣聞應天以

實不以文動民以行不以言去歲扈從南郊親見百姓父老瞻望聖顏歡呼鼓舞或至感泣皆云不意今日復見仁宗皇帝臣尋與范祖禹具奏其狀矣竊揆聖心必有下酌民言上繼祖武之意兼奉聖旨催促祖禹所編仁宗故事尋以上進訖臣愚竊謂陛下既欲祖述仁廟即須行其實是乃可動民去歲十一月七日曾奏乞放免五穀力勝稅錢蓋謂此事出於天聖附令乃仁宗一代盛德之事入人至深及物至廣望陛下主張決事尋蒙降付三省遂送戶部下轉運司相度必無行理謹昧萬死再錄前來劄子繳連進呈伏願聖慈特賜詳覽若謂所損者

小所濟者大可以追復仁宗聖政慰荅民心即乞只作
聖意批出施行若謂不然即乞留中更不降出免煩勘
當取進止

貼黃臣所乞放免五穀力勝稅錢萬一上合聖意
有可施行欲乞内出指揮大意若曰祖宗舊法本
不收五穀力勝稅錢近乃着令許依例收稅是致
商賈無利有無不通豐年則穀賤傷農凶年則
遂成饑饉宜令今後不問有無舊例並不得收五
穀力勝稅錢仍於課額内豁除此一項臣昧死以
聞無任戰汗待罪之至

上圓丘合祭六議劄子

元祐八年三月日端明殿學士兼翰林侍讀學士左朝奉郎守禮部尚書蘇軾劄子奏臣伏見九月二十二日詔書節文俟郊禮畢集官詳議祠皇地祇事及郊祀之歲廟饗典禮聞奏者臣恭覩陛下近者至日親祀郊廟神祇饗荅實蒙休應然則圓丘合祭允當天地之心不宜復有改更臣竊惟議者欲變祖宗之舊圓丘祀天而不祀地不過以謂冬至祀天於南郊陽時陽位也夏至祀地於北郊陰時陰位也以類求神則陽時陽位不可以求陰也是大不然冬至南郊

既祀上帝則天地百神莫不從也古者秋分夕月於
西郊亦可謂陰位矣至於從祀上帝則以冬至而祀
月於南郊議者不以為疑今皇地祇亦從上帝而合
祭於圜丘獨以為不可則過矣書曰肆類于上帝禋
于六宗望于山川徧于群神舜之受禪也自上帝六
宗山川群神莫不畢告而獨不告地祇豈有此理哉
武王克商庚戌柴望柴祭上帝也望祭山川也一日之
間自上帝而及山川必無南北郊之別也而獨略地
祇豈有此理哉臣以知古者祀上帝則并祀地祇矣
何以明之詩之序曰昊天有成命郊祀天地也此乃

合祭天地經之明文而説者乃以比之豐年秋冬報也

曰秋冬各報而皆歌豐年則天地各祀而皆歌昊天有

成命也是大不然豐年之詩曰豐年多黍多稌亦有高

廩萬億及秭爲酒爲醴烝畀祖妣以洽百禮降福孔皆

歌於秋可也歌於冬亦可也昊天有成命之詩曰昊天

有成命二后受之成王不敢康夙夜基命宥密於緝熙

單厥心肆其靖之終篇言天而不及地頌所以告神明

也未有歌其所不祭祭其所不歌也今祭地於北郊歌

天而不歌地豈有此理也臣以此知周之世祀上帝則

地祇在焉歌天而不歌地所以尊上帝故其序曰郊祀

天地也春秋書不郊猶三望左氏傳曰望郊之細也說者曰三望太山河海或曰淮海也又或曰分野之星及山川也魯諸侯也故郊之細及其分野山川而已周有天下則郊之細獨不及五嶽四瀆乎嶽瀆猶得從祀而地祇獨不得合祭乎秦燔詩書經籍散亡學者各以意推類而已王鄭賈服之流未必皆得其真臣以詩書春秋考之則天地合祭久矣議者乃謂合祭天地始於王莽以為不足法臣竊謂禮當論其是非不當以人廢光武皇帝親誅莽者也尚采用元始合祭故事謹按後漢書郊祀志建武二年初制郊兆於洛陽為圓壇八陛中又

爲重壇天地位其上皆南鄉西上此則漢世合祭天地之明驗也又按水經注伊水東北至洛陽縣圜丘東大魏郊天之所準漢故事爲圓壇八陛中又爲重壇天地位其上此則魏世合祭天地之明驗也唐睿宗將有事於南郊賈曾議曰有虞氏禘黄帝而郊嚳夏后氏禘黄帝而郊鯀郊之與廟皆有禘於廟則祖宗合食於太祖禘於郊則地祇群望皆合於圓丘以始祖配享蓋有事祭非常祀也三輔故事祭于圓丘上帝后土位皆南面則漢嘗合祭矣時褚無量郭山惲等皆以曾言爲然明皇天寶元年二月敕曰凡所祠享必在躬親朕不親祭

禮將有闕其皇地祇宜如南郊合祭是月二十日合祭
天地于南郊自後有事於圓丘皆合祭此則唐世合祭
天地之明驗也今議者欲冬至祀天夏至祀地蓋以為
用周禮也臣請言周禮與今禮之别古者一歲祀天者
三明堂饗帝者一四時迎氣者五祭地者二饗宗廟者
四凡此十五者皆天子親祭也而又朝日夕月四望山
川社稷五祀及群小祀之類亦皆親祭此周禮也太祖
皇帝受天眷命肇造宋室建隆初郊先饗宗廟並祀
天地自真宗以來三歲一郊必先有事景靈徧饗太
廟乃祀天地此國朝之禮也夫周之禮祭如彼其多而

歲行之不以爲難今之禮親祭如此其少而三歲一行
不以爲易其故何也古者天子出入儀物不繁兵衛甚
簡用財有節而宗廟在大門之内朝諸侯出爵賞必於
太廟不止時祭而已天子所治不過王畿千里唯以齊
祭禮樂爲政事能守此則天下服矣是故歲歲行之率
以爲常至於後世海内爲一四方萬里皆聽命於上機
務之繁億萬倍於古日力有不能給自秦漢以來天子
儀物日以滋多有加無損以至于今非復如古之簡易
也今所行皆非周禮三年一郊非周禮也先郊二日而告
原廟一日而祭太廟非周禮也郊而肆赦非周禮也優

賞諸軍非周禮也自后妃以下至文武官皆得蔭補親屬非周禮也自宰相宗室以下至百官皆有賜賚非周禮也此皆不改而獨於地祇則曰周禮不當祭於圜丘此何義也議者必曰今之寒暑與古無異而宣王薄伐玁狁六月出師則夏至之日何為不可祭乎臣將應之曰舜一歲而巡四岳五月方暑而南至衡山十一月方寒而北至常山亦今之寒暑也後世人主能行之乎周所以十二歲一巡者唯不能如舜也夫周已不能行舜之禮而謂今可以行周之禮乎天之寒暑雖同而禮之繁簡則異是以有虞氏之禮夏商有所不能行

夏商之禮周有所不能用時不同故也宣王以六月出師驅逐玁狁蓋非得已且吉父為將王不親行也今欲定一代之禮為三歲常行之法豈可以六月出師為比乎議者必又曰夏至不能行禮則遣官攝祭祀亦有故事此非臣之所知也周禮大宗伯若王不與則攝位鄭氏注曰王有故則代行其祭事賈公彦疏曰有故謂王有疾及哀慘皆是也然則攝事非安吉之禮也後世人主不能歲歲親祭故命有司行事其所從來久矣若親郊之歲遣官攝事是無故而用有故之禮也議者必又曰省去繁文末節則一歲可以再郊臣將應之曰古者

以親郊為常禮故無繁文今世以親郊為大禮則繁文有不能省也若帷城幔屋盛夏則有風雨之虞陛下自宮入廟出郊冠通天乘大輅日中而舍百官衛兵暴露於道鎧甲具裝人馬喘汗皆非夏至所能堪也王者父事天母事地不可偏也事天則備事地則簡是於父母有隆殺也豈得以為繁文末節而一切欲省去乎國家養兵異於前世自唐之時未有軍賞猶不能歲歲親祠天子出郊兵衛不可簡省大輅一動必有賞給今三年一郊傾絕帑藏猶恐不足郊賚之外豈可復加若一年再賞國力將何以給分而與之人情豈不失望議者必又曰

三年一祀天又三年一祭地此又非臣之所知也三年一郊已為踈闊若獨祭地而不祭天是因事地而愈踈於事天自古未有六年一祀天者如此則典禮愈壞欲復古而背古益遠神祇必不顧饗非所以為禮也議者必又曰當郊之歲以十月神州之祭易夏至方澤之祀則可以免方暑舉事之患此又非臣之所知也夫所以議此者為欲舉從周禮也今以十月易夏至以神州代方澤不知此周禮之經耶抑變禮之權耶若變禮從權而可則合祭圓丘何獨不可十月親祭地十一月親祭天先地後天古無是禮而一歲再郊軍國勞費之患尚

未免也議者必又曰當郊之歲以夏至祀地祇於方澤上不親郊而通爟火天子於禁中望祀此又非臣之所知也書之望秩周禮之四望春秋之三望皆謂山川在境内而不在四郊者故遠望而祭也今所在之處俛則見地而云望祭是為京師不見地乎此六議者合祭可不之決也夫漢之郊禮尤與古戾唐亦不能如古本朝祖宗欽崇祭祀儒臣禮官講求損益非不知圜丘方澤皆親祭之為是也蓋以時不可行是故參酌古今上合典禮下合時宜較其所得已多於漢唐矣天地宗廟之祭皆當歲徧今不能歲徧是故徧於三年當郊之

歲又不能於一歲之中再舉大禮是故徧於三日此皆因時制宜雖聖人復起不能易也今並祀不失親祭而北郊則必不能親往二者孰為重乎若一年再郊而遣官攝事是長不親事地也三年間郊當行郊地之歲而暑雨不可親行遣官攝事則是天地皆不親祭也夫分祀天地決非今世之所能行議者不過欲於當郊之歲祀天地宗廟分而為三耳分而為三有三不可夏至之日不可以動大衆舉大禮一也軍賞不可復加二也自有國以來天地宗廟唯饗此祭累聖相承唯用此禮此乃神祇所歆祖宗所安不可輕動動之則有吉

凶禍福不可不慮三也凡此三者臣熟計之無一可行之理伏請從舊為便昔西漢之衰元帝納貢禹之言毀宗廟成帝用丞相衡之議改郊位皆有殃咎著於史策往鑒甚明可為寒心伏望陛下詳覽臣此章則知合祭天地乃是古今正禮本非權宜不獨初郊之歲所當施行實為無窮不刊之典願陛下謹守太祖建隆神宗熙寧之禮無更改易郊祀廟饗以億寧上下神祇仍乞下臣此章付有司集議如有異論即須畫一解破臣所陳六議使皆屈伏上合周禮下不為當今軍國之患不可但執更不論當今可與不可施行所貴嚴祀大

典以時定取進止

貼黃唐制將有事于南郊則先朝獻太清宮朝享
太廟亦如今禮先二日告原廟先一日享太廟然議
者或亦以為非三代之禮臣謹按武王克商丁未
祀周廟庚戌柴望相去三日則先廟後郊亦三代
之禮也奉聖旨令集議官集議聞奏

請詰難圓丘六議劄子

元祐八年三月二十二日端明殿學士兼翰林侍讀學士
左朝奉郎守禮部尚書蘇軾劄子奏臣近奏論圓丘
合祭天地非獨適時之宜亦自然上合三代六經為萬世

不刊之典然臣不敢必以為是故發六議以開異同之端欲望聖旨行下令議者與臣及覆詰難盡此六議之是非而取其通者則其論可得而定也今奉聖旨但云令集議官集議聞奏竊慮議者各伸其意不相詰難則是非可否終莫之決雖聖明必有所擇而人各自為一議但欲遂其前說豈聖朝考禮之本意哉臣今欲乞集議之日若所見不同即須畫一難臣六議明著可否之狀不得但持一說不相詰難臣非敢自是而求勝也蓋欲從長而取通也若議不通敢不廢前說以從衆論取進止

乞改居喪婚娶條狀

元祐八年三月日端明殿學士兼翰林侍讀學士左朝奉郎守禮部尚書蘇軾狀奏臣伏見元祐五年秋頒條貫諸民庶之家祖父母父母老疾謂於法應贖者無人供侍子孫居喪者聽尊長自陳驗實婚娶右臣伏以人子居父母喪不得嫁娶人倫之正王道之本也孟子論禮色之輕重不以所重徇所輕喪三年為二十五月使嫁娶有二十五月之遲此色之輕者也釋喪而婚會鄰於禽犢此禮之重者也先王之政亦有適時從宜者矣然不立居喪嫁娶之法者所害大也近世始立女居父母

及夫喪而貧乏不能自存並聽百日外嫁娶之法既已
害禮傷教矣然猶或可以從權而冒行者以女弱不
能自立恐有流落不虞之患也今又使男子為之此
何義也哉男年至於可娶雖無兼侍亦足以養父母
矣今使之釋喪而婚會是直使民以色廢禮耳豈
不過甚矣哉春秋禮經記禮之變必曰自某人始使秉
直筆者書曰男子居父母喪得娶妻自元祐始豈不為
當世之病乎臣謹按此法本因邛州官吏妄有起請當時
法官有失考論便為立法臣備位秩宗前日又因邇英
進讀論及此事不敢不奏伏望聖慈特降指揮削去上

上條稍正禮俗謹録奏聞伏候　敕旨

奏馬澈不當屏出學狀

元祐八年四月　日端明殿學士兼翰林侍讀學士左朝奉郎守禮部尚書蘇軾狀奏准太學條三學生凡有進獻文字及書啓贄有位並先經長貳看詳可否遠者出學右本部看詳諸色人苟有所見公私利害皆得進狀許直於所屬官司投下即無更令官吏看詳可否方得投進之文所以達聰明防壅蔽古今不易之道也本因國子監生貟獨緣本監起請遂立上條曲生防禁至於投獻書啓文字求知公卿此正舉人常事今乃使本監長貳

先行看詳違者皆屏出學若論列朝政得失使其言
當理固人主所欲聞也若不當理亦人主所當容也今乃
先令有司看詳去取甚非子產不毁鄉校𩗗相去副
封之意也去年九月内太學内舍生馬瀓進狀論禮
部韻略有踈略未盡事件蒙朝廷送下本部謹按
瀓所論文指雅馴考驗經史皆有援據此乃内舍生負
之優者教養之官所當愛惜而其所論亦當下有司
詳議增損施行本部尋下本監勘當准回申已於十
二月内檢舉上條其馬瀓已屏出學以此顯見上條
無益有害欲乞朝廷詳酌特與删除不行仍乞依舊

令馬澈充内舍生其所進狀乞行下有司看詳如有可采乞賜施行謹録奏聞伏候敕旨

乞校正陸贄奏議上進劄子

元祐八年五月七日端明殿學士兼翰林侍讀學士左朝奉郎守禮部尚書蘇軾同呂希哲吳安詩豐稷趙彦若范祖禹顧臨劄子奏臣等猥以空踈備員講讀聖明天縱學問日新臣等才有限而道無窮心欲言而口不逮以此自愧莫知所爲竊謂人臣之納忠譬如醫者之用藥藥雖進於醫手方多傳於古人若已經効於世間不必皆從於己出伏見唐宰相陸贄才本

王佐學爲帝師論深切於事情言不離於道德智如
子房而文則過辯如賈誼而術不疎上以格君心之非
下以通天下之志但其不幸仕不遇時德宗以苛刻爲
能而贄諫之以忠厚德宗以猜疑爲術而贄勸之以推
誠德宗好用兵而贄以消兵爲先德宗好聚財而贄以
散財爲急至於用人聽言之法治邊馭將之方罪己以
收人心改過以應天道去小人以除民患惜名器以待
有功如此之流未易悉數可謂進苦口之藥石鍼害身
之膏肓使德宗盡用其言則正觀可得而復臣等每
退自西閣即私相告言以陛下聖明必喜贄議論但

使聖賢之相契即如臣主之同時昔馮唐論頗牧之賢則漢文為之太息魏相條鼂董之對則孝宣以致中興若陛下能自得師莫若近取諸贄夫六經三史諸子百家非無可觀皆足為治但聖言幽遠末學支離譬如山海之崇深難以一二而推擇如贄之論開卷了然聚古今之精英實治亂之龜鑑臣等欲取其奏議稍加校正繕寫進呈願陛下置之坐隅如見贄面反覆熟讀如與贄言必能發聖性之高明成治功於歲月臣等不勝區區之意取進止

辨黃慶基彈劾劄子

元祐八年五月十九日端明殿學士兼翰林侍讀學士左朝奉郎守禮部尚書蘇軾劄子奏臣自少年從仕以來以剛褊疾惡盡言孤立爲累朝人主所知然亦以此見疾於群小其來久矣自熙寧元豐間爲李定舒亶輩所讒及元祐以來朱光庭趙挺之賈易之流皆以誹謗之罪誣臣前後相傳專用此術朝廷上下所共明知然小人非此無以深入臣罪故其計須至出此今者又聞臺官黄慶基復祖述李定朱光庭賈易等舊説亦以此誣臣并言臣有妄用潁州官錢失入尹真死罪及強買姓曹人田等雖知朝廷已察其姦罷黜其人

矣然其間有關臣子之大節者於義不可不辨謹具
畫一如左
一臣先任中書舍人日適值朝廷竄逐大姦數人所
行告詞皆是元降詞頭所述罪狀非臣私意所敢
增損内吕惠卿自前執政責授散官安置誅罰至
重當時蒙朝旨節録臺諫所言惠卿罪惡降下既
是詞頭所有則臣安敢減落然臣子之意以為事
涉先朝不無所忌故特於告詞内分别解説令天
下曉然知是惠卿之姦而非先朝盛德之累至
於竄逐之意則已見於先朝其略曰先皇帝求

賢若不及從善如轉圓始以帝堯之心姑試伯鯀終然孔子之聖不信宰予發其宿姦謫之輔郡尚疑改過稍畀重權復陳罔上之言繼有碭山之貶反覆教戒惡心不悛躁輕矯誣德音猶在臣之愚意以謂古今如鯀爲堯之大臣而不害堯之仁宰予爲孔子高弟而不害孔子之聖又況再加貶黜深惡其人皆先朝本意則臣區區之忠蓋自謂無負矣今慶基乃及指以爲誹謗指斥不亦矯誣之甚乎其餘所言李之純蘇頌劉謓唐義問等告詞皆是慶基文致附會以成臣罪只如其間

有勞來安集四字便云是厲王之亂若一一似此
羅織人言則天下之人更不敢開口動筆矣孔子
作孝經曰如臨深淵如履薄氷此幽王之詩也不
知孔子誹謗指斥何人乎此風萌於朱光庭盛於
趙挺之而極於賈易今慶基復宗師之臣恐陰中
之害漸不可長非獨為臣而言也
一慶基所言臣行陸師閔告詞云侵漁百端怨讟四
作亦謂之謗訕指斥此詞元不是臣行中書案底
必自有主名可以覆驗顯是當時掌誥之臣凡有
竄逐之人皆似此罪狀其事非獨臣也所謂侵漁

怨讟者意亦指言師閔而已何名為謗訕指斥乎

慶基以他人之詞移為臣罪其欺罔類皆如此

一慶基所言臣妄用潁州官錢此事見蒙尚書省勘會次然所用皆是法外支賞令人告捕強惡賊人及逐急將還前知州任內公使庫所少貧下行人錢物情理如此皆可覆驗

一慶基所言臣強買常州宜興縣姓曹人田地八年州縣方與計還此事元係臣任團練副使日罪廢之中託親識投狀依條買得姓曹人一契田地後來姓曹人却來臣處昏賴爭奪臣即時牒本路

轉運司令依公盡理根勘仍便具狀申尚書省後
來轉運司差官勘得姓曹人招服非理昏賴依法
決訖其田依舊合是臣為主牒臣照會臣愍見小
民無知意在得財臣既備位侍從不欲與之計較
曲直故於招服斷遣之後却許姓曹人將元價收
贖仍亦申尚書省及牒本路施行今慶基乃言是
本縣斷遣本人顯是誣罔今來公案見在戶部可
以取索案驗
一慶基所言臣在潁州失入尹真死罪此事已經刑
部定奪不是失入却是提刑蔣之翰妄有按舉公

案具在刑部可以覆驗

右臣竊料慶基所以誣臣者非一臣既不能盡知又今來朝廷已知其姦妄而罷黜其人臣不當一一辯論但人臣之義以名節為重須至上煩天聽取進止

謝宣諭劄子

元祐八年五月二十四日端明殿學士兼翰林院侍讀學士左朝奉郎守禮部尚書蘇軾劄子奏臣伏准今月二十二日弟門下侍郎轍奉宣聖旨緣近來衆人正相捃拾令臣且須省事者天慈深厚如訓子孫委曲保全如愛支體感恩之涕不覺自零伏念臣

才短數奇性踈少慮半生犯患垂老困讒非二聖之深
知雖百死而何贖伏見東漢孔融才疏意廣負氣不
屈是以遭路粹之冤西晉嵇康才多識寡好善闇人是
以遇鍾會之禍當時為之扼腕千古為之流涕臣本無
二子之長而兼有昔人之短若非陛下至公而行之以
恕至仁而照之以明察消長之往來辨利害於疑似則
臣已下從二子遊久矣豈復有今日哉謹當奉以周旋
不敢失墜便須刻骨豈獨書紳庶全螻蟻之軀以報丘
山之德臣無任感天荷聖激切屏營之至謹奏

奏乞增廣貢舉出題劄子

元祐八年五月二十六日端明殿學士兼翰林侍讀學士左朝奉郎守禮部尚書蘇軾劄子奏臣伏見元祐貢舉敕諸詩賦論題於子史書出雖不得於老莊子出如於經書出而不犯見試舉人所治之經者亦聽謂如引試治詩書舉人即聽於易春秋經傳出詩賦論題引試治易春秋舉人即聽於周禮禮記出詩賦論題之類臣竊謂自來詩賦論題雜出於九經孝經論語注中文字浩博有可選擇久而不窮今詳上條止得於子史書出所取者狹雖聽於經書出又須不犯見試舉人所治之經如是在京試院分經引試可以就別經出題至如外州軍只作一場引試即須回避只於子史中出恐

經以之法臣今相度欲乞詩賦論題許於九經孝經論
語子史并九經論語注中雜出更不避見試舉人所治
之經但須於所給印紙題目下備錄上下全文并注疏
不得漏落則本經與非本經舉人所記均一更無可避
兼足以稱朝廷待士之意本只以工拙為去取不以不
全之文掩其所不知以為進退於忠厚之風不為無補
取進止

中省議讀漢唐正史狀

元祐八年八月十九日端明殿學士兼翰林侍讀學
士左朝奉郎守禮部尚書蘇軾同顧臨趙彥若狀

申昨准内降宰相呂大防劄子奏臣每旬獲侍經筵竊見進讀五朝寶訓將欲了畢自來多用前代正史進讀竊謂其間有不足上煩聖覽者欲乞指揮講讀官同將漢唐正史内可以進讀事迹鈔節成篇遇讀日進呈敷演庶裨聖治取進止奉御寶批依奏右軾等今已鈔節繕寫稍成卷秩於將來開講日進讀即未審與五朝寶訓並進爲復間日一讀謹具申尚書省伏候指揮

東坡奏議卷第十三

東坡奏議卷第十四

朝辭赴定州論事狀

乞降度牒脩定州禁軍營房狀

乞增脩弓箭社條約狀二首

乞減價糶常平米賑濟狀

乞將損弱米貸與上戶令賑濟佃客狀

乞降度牒脩北嶽廟狀

朝辭赴定州論事狀

元祐八年九月二十六日端明殿學士兼翰林侍讀學士左朝奉郎新知定州蘇軾狀奏右臣聞天下治亂出

於下情之通塞至治之極至於小民皆能自通大亂之極至於近臣不能自達易曰天地交泰其詞曰上下交而其志同又曰天地不交否其詞曰上下不交而天下無邦夫無邦者亡國之謂也上下不交則雖有朝廷君臣而亡國之形已具矣可不畏哉臣不敢復引衰世昏主之事只如唐明皇中興刑措之君也而天寶之末小人在位下情不通則鮮于仲通以二十萬人全軍陷沒於瀘南明皇不知馴致其事至安禄山反兵已過河而明皇猶以為忠臣此無他下情不通耳目壅蔽則其漸至於此也臣在經筵數論此

事陛下為政九年除執政臺諫外未嘗與群臣接然
天下不以為非者以謂垂簾之際不得不爾也今者
祥除之後聽政之初當以通下情除壅蔽為急務臣
雖不肖蒙陛下擢為河北西路安撫使沿邊重地此為
首冠臣當悉心論奏陛下亦當垂意聽納祖宗之法邊
帥當上殿面辭而陛下獨以本任闕官迎接人衆為詞
降旨拒臣不令上殿此何義也臣若伺候上殿不過更
留十日本任闕官自有轉運使權攝無所闕事迎接人
衆不過更支十日糧有何不可而使聽政之初將帥不
得一面天顏而去有識之士皆謂陛下厭聞人言意輕

邊事其兆見於此矣臣備位講讀日侍帷幄前後五
年可謂親近方當戍邊不得一見而行况踈遠小臣欲
求自通亦難矣易曰天行健君子以自強不息又曰
帝出乎震相見乎离夫聖人作而萬物覩今陛下聽
政之初不行乘乾出震見离之道廢祖宗臨遣將帥
故事而襲行垂簾不得已之政此朝廷有識所以
驚疑而憂慮也臣不得上殿於臣之私别無利害而
於聽政之始天下屬目之際所損聖德不小臣已於今
月二十七日出門非敢求登對然臣始者本俟上殿欲
少效愚忠今來不敢以不得對之故便廢此言惟陛

下察臣誠心少加採納古之聖人將有為也必先處晦而觀明處靜而觀動則萬物之情畢陳于前不過數年自然知利害之眞識邪正之實然後應物而作故作無不成臣敢以小事譬之夫操舟者常患不見水道之曲折而水濱之立觀者常見之何則操舟者身寄於動而立觀者常靜故也弈碁者勝負之形雖國工有所不盡而袖手旁觀者常盡之何則弈者有意於爭而旁觀者無心故也若人主常靜而無心天下其孰能欺之漢景帝即位之初首用鼂錯更易法令黜削諸侯遂成七國之變景帝往來兩宮間寒心者數月終身不敢復言兵武

帝即位未幾遂欲用兵鞭撻四夷兵連禍結三十餘年然後下哀痛詔封宰相為富民侯臣以此知古者英睿之君勇於立事未有不悔者也景帝之悔速故變而復安武帝之悔遲故幾至於亂雖遲速安危小異然比之常靜無心終始不悔如孝文帝者不可同年而語矣今陛下聖智絶人春秋鼎盛臣願虛心循理一切未有所為默觀庶事之利害與羣臣之邪正以三年為期俟得利害之眞邪正之實然後應物而作使既作之後天下無恨陛下亦無悔上下同享太平之利則雖盡南山之竹不足以紀聖功兼三宗之壽不足以報聖德由此觀之陛下之有為惟憂太早

不患稍遲亦已明矣臣又聞為政如用藥方今天下雖未大治實無大病古人云有病不治常得中醫雖未能盡除小疾然賢於誤服惡藥覬萬一之利而得不救之禍者遠矣臣恐急進好利之臣輒勸陛下輕有改變故輒進此說敢望陛下深信古語且守中醫安穩萬全之策勿為惡藥所誤實社稷宗廟之利天下幸甚臣不勝忘身憂國之心冒死進言謹録奏聞伏候敕旨

乞降度牒脩定州禁軍營房狀

元祐八年十月日端明殿學士兼翰林侍讀學士左朝奉郎知定州蘇軾狀奏臣伏見定州近歲軍政不嚴邊

備小弛事不可悉數請舉一二如甲仗庫子軍人張
全一年之間持杖入庫前後盜銅鑼十二面監官明知
並不申舉又有帳設什物庫子軍人田平等二年之間
盜帳設什物八百餘件銀二百五十餘兩恣意典賣軍
城寨人戶採斫禁山開耕為田公然起稅住坐者一
百八十餘家城中有開櫃坊人百餘戶明出牌牓召
軍民賭博若此之類未易悉數是致法令不行禁軍
日有逃亡聚為盜賊不安安居臣到任以來備見其
事然不欲驟行峻治但因事行法無所貸捨其上
件張全田平等皆以付獄按治侵斫禁山人逐次

舉覺依法勘斷張德等九人其多年侵耕已成永業者別作擘畫處置申樞密院次開櫃坊人出榜名人告捉有王京等四十家陳首改業其餘並走出州界軍民自此稍知有朝廷法令逃軍衰少賊盜亦稀臣近令所辟幕官李之儀孫敏行徧往諸營點檢據逐官回申營房大段損壞不庇風雨非惟久不脩葺蓋是元初創造材植怯弱人工因循多是兩椽小屋偷地蓋造椽柱腐爛大半無瓦一牀一竈之外轉動不得之儀等又點檢得諸營軍號例皆暗敝妻子凍餒十有五六臣尋體問得蓋是將校不法乞取斂掠坐放債負身既

不正難以戢下是致諸軍公然飲愽踰濫三事不禁雖
上禁軍無不貧困輕生犯法靡所不至若不按發其太
甚者無以警衆革弊已體量得雲翼指揮使孫貴到營
四箇月前後歛掠一十一度計入己贓九十八貫八百文
已送司理院枷項根勘去訖臣既目覩婾弊理合葺治
犯法之人絲毫無貸即須恤其有無同其苦樂豈可身
居大厦而使士卒終年處於偷地破屋之中上漏下濕
不安其家輒已差將官李巽錢春卿劉世孫將帶人匠
徧詣諸營逐一檢計合脩去處具合用材料人工估
見的確錢數仍差本司準備句當供奉官石耳躬親

再行覆檢到除與逐將所檢合脩營房間架材本等並同外又據本官檢料到更合脩蓋營房一十六間謹具畫一奏聞如後

一河北第一將檢計到本將下所管定州住營馬步禁軍八指揮合行脩蓋營房共四千一百一十七間據合用材植物料紐估到計使價錢一萬七千六百九貫六百八十文省

一河北第二將檢計到本將下所管定州住營馬步禁軍八指揮合行脩蓋營房共三千七百二十間據合用材植物料紐估到計使價錢一萬五千五貫

二百八十一文省

一檢計到不隸將下所管定州營步軍振武第四十五

指揮合行脩蓋營房一百一十八間并合添井眼據

合用材植物料紐估到計使價錢三百五十八貫

一百六十七文省

一本司准備句當供奉官石昪檢料更合脩蓋第一

第二將下諸軍營房共一十六間據合用材植物料

紐估到計使價錢七十四貫六百一十二文省

右謹件如前臣竊謂上件合用錢數雖當破係省錢又

緣河北轉運司近年財賦窘迫必難支破伏望聖慈深

念河朔為諸路要重而定武控扼強虜又為河北屏捍
所屯兵馬理當加意葺治其上件營房不可不於今年
秋冬便行脩蓋欲乞特出聖斷支賜空名度牒一百七十
一道委本司名人出賣一面置場和買材料燒造塼瓦
和雇人匠節次不住脩蓋施行所有逐將及本司准備
句當官石昇檢計到諸軍合蓋營房間架材植物料等
細數文狀四本繳連在前謹録奏聞伏候敕旨
貼黄勘會度牒每道見賣錢二百貫文今來所乞
上件度牒一百七十一道係將前項檢計到的確物
料錢數契勘合用道數外計剩錢五十二貫二百五

十八文欲乞就整支降

乞增脩弓箭社條約狀二首

元祐八年十一月十一日端明殿學士兼翰林院侍讀學士左朝奉郎知定州蘇軾狀奏臣切見北虜久和河朔無事沿邊諸郡軍政少弛將驕卒惰緩急恐不可用武藝軍裝皆不逮陜西河東遠甚雖據即目邊防事勢三五年間必無警急然居安慮危有國之常備事不素講難以應猝今者河朔沿邊諸軍未嘗出征終年坐食理合富強臣近遣所辟幕官李之儀孫敏行親入諸營按視曲折審知禁軍大率貧窘

妻子赤露飢寒十有六七屋舍大壞不庇風雨體問其故
蓋是將校不肅斂掠乞取坐放債負習以成風將校既
先違法不公則軍政無緣脩舉所以軍人例皆飲博逾
濫三事不止雖是禁軍不免寒餓既輕犯法動輒逃亡
此豈久安之道貼黃所謂軍政不脩皆有實狀不敢一一奏聞臣自到任漸次
申嚴軍法逃軍盜賊已覺衰少年歲之間庶革此風然
臣竊謂沿邊禁軍緩急終不可用何也驕惰既久膽力
耗憊雖近戍短使輒與妻孥泣別被甲持兵行數十里
即便喘汗臣若嚴加訓練晝夜勤息馳驟坐作使耐辛
苦則此聲先馳北虜疑畏或致生事臣觀祖宗以來沿

邊要害屯聚重兵止以壯國威而消敵謀蓋所謂先聲後實形格勢禁之道耳若進取深入交鋒兩陣猶當雜用禁旅至於平日保境備禦小寇即須專用極邊土人此古今不易之論也鼂錯與漢文帝畫備邊策不過二事其一曰徙遠方以實廣虛其二曰制邊縣以備敵實元慶曆中趙元昊反屯兵四十餘萬招刺宣毅保捷二十五萬人皆不得其用卒無成功范仲淹劉滬种世衡等專務整緝蕃漢熟戶弓箭手所以封殖其家砥礪其人者非一道藩籬既成賊來無所得故元昊復臣今河朔西路被邊州軍自澶淵講和以來百姓自相團結為弓箭社不

論家業高下戸出一人又自相推擇家資武藝衆所服者
為社頭社副録事謂之頭目帶弓而鋤佩劍而樵出入山坂
飲食長技與北虜同私立賞罰嚴於官府分番巡邏鋪屋
相望若透漏北賊及本土強盜不獲其當番人皆有重罰
遇有緊急擊鼓集衆頃刻可致千人器甲鞍馬常若
寇至蓋親戚墳墓所在人自為戰虜甚畏之體問得元
豐二年北界群賊一火約二十餘人在兩界首不住打刼
為患久不敗獲有北平軍大悲村本社頭目冉萬冉昇
及長行冉捷等部領社人與北賊鬭敵趕趂捉殺直至
北界地名北當山峪内被冉萬射中賊頭徐德冉捷趕上

斫獲首級并冉昇亦斫到第二賊頭賈貴本路保明申
奏朝廷並已於班行內安排以此知弓箭社人戶驍勇敢
戰緩急可用先朝名臣帥定州者如韓琦龐籍皆加意
拊循其人以為爪牙耳目之用而籍又增損其約束賞罰
奏得仁宗皇帝聖旨見今具存（貼黃所有龐籍奏得聖旨已具録繳連在前）昨
於熙寧六年行保甲法準當年十二月四日聖旨強壯弓
箭社並行廢罷又至熙寧七年再准正月十九日中書劄
子聖旨應兩地供輸人戶除元有弓箭社強壯并義勇之
類並依舊存留外更不編排保甲看詳上件兩次聖旨
除兩地供輸村分方許依舊置弓箭社其餘並合廢

罷雖有上件指揮公私相承元不廢罷只是令弓箭社兩下以上人戶兼充保甲以至逐捕本界及化外盜賊並皆驅使弓箭社人戶向前用命捉殺貼黃前項所奏元豐二年冉萬等捉殺北賊係熙寧六年朝旨廢罷後兼冉萬等不係兩地供輸是合行廢罷地分人戶見今州縣委實全藉此等寅夜防托顯見弓箭社實為邊防要用其勢決不可廢但以兼充保甲之故召集追呼勞費失業今雖名目具存責其實用不逮往日臣竊謂陝西河東弓箭手官給良田以備甲馬今河朔沿邊弓箭社皆是人戶祖業田產官無絲毫之給而捐軀捍邊器甲鞍馬與陝西河東無異苦樂相遼未盡其用近日霸州文安縣及真定府北寨皆有北賊驚刼

人户捕盜官吏拱手相視無如之何以驗禁軍弓手皆不
得力向使州縣逐處皆有弓箭社人户致命盡力則北
賊豈敢輕犯邊寨如入無人之境臣已戒飭本路將吏
申嚴賞罰加意拊循其人去訖輒復拾用龎籍舊奏
約束稍加增損別立條目欲乞朝廷立法少賜優異明
設賞罰以示懲勸今已密切取會到本路極邊定保
兩州安肅廣信順安三軍邊面七縣一寨内管自來團
結弓箭社五百八十八村六百五十一火共計三萬一千
四百一十一人若朝廷以為可行立法之後更敕將吏
常加拊循使三萬餘人分番晝夜巡邏盜邊小寇來

即擒獲不至忸忕以生戎心而事皆循舊無所改作虜不疑畏無由生事有利無害較然可見謹具所乞立法事件畫一如左

一看詳嘉祐四年龐籍起請已獲朝旨事件除見可施行外有當時事體與今來稍有不同須至少有增損今參詳到下項弓箭社人戶但係久來團結地分並依見今已行體例不拘物產高下丁口衆寡並每戶選擇強壯一丁充弓箭手

貼黃高強人戶與下等各出一丁雖似不均緣行之已久下等人戶無詞乞具一切仍舊若上戶添

差人數即恐行法之初人心不安又緣保甲法雖上戶亦止一丁所有今來不敢增損

每社置社長社副社錄事各一名為頭目並選有物力或好人材事藝衆所推服者方得差補農事餘暇委頭目常切提舉閲習武藝務令精熟齊整如無盜賊非時不得勾集

每社及百人以上選少壯者三人不滿百人者選二人不滿五十人者選一人充急脚子並輪番一月一替專令探報盜賊如探報不實及稽留後時有誤捕捉者並申官乞行嚴斷

逐社各置鼓一面如有事故及盜賊並須聲鼓勾
集若尋常社內聲鼓不到者每次罰錢一百如
社內一兩村共為一火地里稍遠不聞鼓聲去處
即火急差急脚子勾喚若强盜入村鼓聲勾喚
及到而不入賊者並罰錢三貫如三經罰錢一百
一經罰錢三貫而各再犯者並送所屬嚴斷
如能捉獲强盜一名除依條支賞外更支錢二十
貫如兩次捉獲依前支賞外仍與免戶下一年差
徭如三次以上更免一年無差徭可免者各更支
錢十貫折充如獲竊盜一名除依條支賞外更

支錢二貫以上錢用社內罰錢充如不足並社衆

拘備

逐社各人置弓一張箭三十隻刀一口內單丁及貧

不及辦者許置鎗及捍棒一條內一件不足者

罰錢五百弓箭不堪施放器械雖有而不精並

罰錢二百若全然不置者即申送所屬乞行勘

斷

逐社每夜輪差一十人於地分內往來巡覷仍本縣

每季給曆一道委本社頭目抄上當巡人姓名有

不到者罰錢二百如本地分失賊其當巡人委本

社監勒依條限捕捉限滿不獲送官量事行遣其所給曆除每季納換及知佐下鄉因便點檢外不得非時取索

弓箭社人戶遇出入經宿以上須告報本社頭目及鄰近同保之人違者罰錢叁百文

社内遇捉殺賊盜因鬬致死除依條官給絹外更給錢一十貫付其家被傷重者減半並以係省錢充

社内所納罰錢令社長等同共封記主管須遇社會合行酬賞者方得對衆支給破使即不得衷私

別作支用

社内遇豐熟年只得春秋二社聚會因便點集器

械非時不得亂有斜集搔擾

已上並是麗籍起請已獲朝旨事件自熈寧

六年聖旨廢罷後來民間依舊衷私施行今

參詳增損脩定

一弓箭社人户為與強虜為鄰各自守護骨肉墳

墓曉夜不住巡邏探伺以此巡檢縣尉全藉此人

為耳目肘臂之用每遇冬教内有本社弓箭人户見

係保甲人數者即須勾上一月教閲其稱捕盜官

司不敢放心以至化外賊盜既知逐社人戶勾上村堡空虛即皆生心窺伺公私憂恐又人戶勾集彌月諸般費用不少深為患苦臣竊謂保甲人戶每年冬教本為恐其因循武藝生踈緩急難用今來弓箭社人戶既處邊塞與北人氣俗相似以戰鬬為生寢食起居不釋弓馬出入守望常帶器械其勢無由生踈欲乞應弓箭人戶今後更不充保甲仍免冬教（貼黃保甲法須是主戶兩丁以上方始差充其弓箭社一丁以上並差即無已充保甲而不充弓箭社人戶者今來所乞本社內人戶更不充保甲只是減罷重疊虛名即非幸免）顯無妨礙而使人戶稍免無益之費專心守禦又免

教集之月村堡空虛以生戎心公私安枕爲利不
淺其減罷保正長並却令充本社守闕頭目
一弓箭社人戶既任透漏失賊之責動輒罰錢科
罪及均出賞錢顯見與其餘人戶苦樂不同理合
稍加優異欲乞應弓箭社人戶並免兩税折變
科配今已取會到本路州軍所免折科錢物數目
比之和買價例每歲剩費錢七千九百九十八貫五
十六文所獲精鋭可用民兵三萬餘人費小利大
可行無疑
一弓箭社頭目並是鄉村有物力心膽之人責以齊

衆保境亦須別加旌勸務乞立定年限每句當及
三年如無透漏及私罪情重者委本縣令佐及捕
盜官保明申安撫司給與公據公罪杖以下聽贖
又及三年無上件過犯仍與保明給公據免本
戶差徭內別有功勞者委自安撫司相度如委是
卓然顯效雖未及上件年限亦與比類施行若更
有大段勞績難以常格論賞者即委自本司奏
乞錄用
一弓箭社地分本係人戶私下情願自相團結皆是
緣邊之人衆共相約要害防托之處行之已久兆

虜不疑所以罷籍奏請並是因舊略加約束今來
不可更有移易地分及增添團結去處永遠只
以今來所管五百八十八村爲定所貴事事循舊
不至張皇事如本地分内人户分煙析生即各據
户眼定差或外來人户典買到本社田地亦許收
入差充弓箭社户若兩處有田産者不得縁此帶
免别處折變委所屬官司常切覺察
貼黄弓箭社五百八十八村内有八十九村係兩地
供輸人户勘會上件人户元是有些小虚名稅
賦自來北界差人過來計會本縣收衆户抱脚

供輸其人戶並是一心捍邊可信之人切慮朝廷
欲知其實
一今來既立法整齊弓箭社人戶及免冬教即須委
自安撫司逐時差官按視內有武藝膽力出衆之
人即須與例物激賞不惟使人戶競勸亦所以致
朝廷及將帥恩意緩急易為驅使今取會到轄下
兩州三軍弓箭社人戶兼充保甲者每年冬教按
賞合用錢一千五百八十二貫七百八十八文今來既
免冬教即保甲司卻合出備上件錢數與安撫司為
上件錢數與安撫司為上件激賞之用但人數既多

上件錢數微少支用不足欲乞每年破五千貫除上

件錢數外其餘並以本路回易庫見在錢貼支

右謹件如前臣竊見西山之下定保之間山開川平無

陂塘之險澶淵之役虜自是入寇見今本路只有戰兵

二萬五千九百餘人分屯八州軍若有警急尚不足於

守而況戰乎論者或以保甲之衆緩急可恃臣竊謂

保甲皆齊民也集教止是一月武藝無緣精熟又平

時無絲毫之利有得於官每歲所獲按賞例物不償

集教一月之費一旦驅之於戰守死地恐未可保惟弓

箭社人戶所處皆必爭之地世世相傳結髮與虜戰

若朝廷許依臣所乞少有以優免其人既免折科間復贖罪免役歲以五十緡賞其大異者深致朝廷將帥恩意則此三萬餘人眞久遠可恃者也今録白到嘉祐四年罷籍奏獲聖旨事件兼取會到本路兩州三軍弓箭社火人數及免折科每年和費用錢數并免冬教所省按賞例物數目繳連在前仍畫到地圖一面帖出接連邊面及逐社住坐去處隨狀進呈伏望聖慈詳酌施行
謹録奏聞伏候敕旨

貼黄所乞免折科却行和買剩費錢七千九百九十八貫五十六文所乞以回易庫錢貼支保甲按賞錢

為五千貫令安撫司支用計費錢三千四百一十七貫二百一十二文共計錢一萬一千四百一十五貫二百六十八文所乞至微恐不贍於用未足以起士氣但臣不多乞耳若朝廷深念北邊事大此三萬餘人久遠必大叚得力更賜擘畫錢物應副成就或於近裏州軍趲那寬剩免役六色錢與本路被邊州軍添雇諸色役人其弓箭社人户並與免役則人情翕然歸戴願效死而不可得矣更乞朝廷詳酌又今來所乞事件先已密切下本路近地州軍官吏相度利害尋皆供到有利無害經久

可行保明文狀在本司訖

又

元祐八年十一月日端明殿學士兼翰林侍讀學士左朝奉郎知定州蘇軾狀奏右臣近奏乞脩完極邊弓箭社條約已詳具利害於今月十一日入遞去訖臣自到任以來不住令主管衙前引到北人訪問事宜雖虛實難明然前後參驗亦可見其略大抵北虜近歲多為小國達靼朮保之類所叛破軍殺將非一近據北人契丹四哥探報北界為差發兵馬及人戶家丁往招州以來收殺朮保等國及為近年不熟是致朔

易武州皆有強賊兼燕京東北白浮圖碇東惡山内有強賊一火約五百十人不住打刧及又據北平軍申據句當事人李堅等體探得北界昨差往西北路去者兵士并百姓等近有逃背落草四十餘人馬二十疋見在狼山西頭君市等村乞食切慮來南界别作過犯雖未見的實然去歲之冬覇州文安縣被北賊殺人刧物朝廷已知其詳及眞定府北寨於去年八月今年二月兩次被北賊群衆打刧近又訪聞代州胡谷寨莎泉堡有北賊六七十人刧掠本堡居人財物殺傷弓箭手及婦女七八人及至捕盜官

會北賊已去臨去說與鋪兵我只在你地分裏待更
來打赤岸村貼黄本路副總管王光祖有男見任胡谷寨主家書報光祖臣所以備知其詳以此數
事參驗顯見北虜見今兵困於小國調發頻併民不堪
命聚為盜賊雖鄰境多故實中國之利必無渝盟之憂
然盜賊充斥虜自不能制其餘波末流必延及吾境若
邊臣坐觀不先事設備則邊民無由安居亦恐更生意
外之患若督迫捕盜官吏帶領兵甲曉夜出入巡邏則
賊未必獲而居民先受其擾又或緣此引惹生事臣再
三思慮惟有整葺弓箭社一事名不張皇其實可用若
早獲朝旨施行令臣更加意拊循激勵其人決可使北賊

望風知畏不敢於地分内作過伏乞聖明特賜詳酌檢會前奏早降指揮謹録奏聞伏候敕旨

乞減價糶常平米賑濟狀

紹聖元年正月日端明殿學士兼翰林侍讀學士左朝奉郎知定州蘇軾狀奏勘會元祐八年河北諸路並係災傷内定州一路雖只是雨水爲害然其實亦及五分以上只緣有司出納之吝不與盡實檢放秋税内定州只放二分自臣到任後累有人户披訴乞倚閣又緣已過條限致難施行今體問得春夏之交人户委是闕食既非河水災傷即每事只依編敕指揮欲坐觀不救恐

罪朝廷仁聖本意臣欲便將常平斛㪷借貸雖已有成法不煩奏請又體問得河北沿邊人户爲見朝廷昔年遣使賑濟不問人户高下願與不願借請一例散貸後來節次倚閣放免以此愚民生心僥倖每有借貸例不肯及時還納多是拖欠指望倚閣放免既煩鞭撻追呼使吏卒因緣爲姦畢竟又不免失陷官物無約度得本州自第四等以下每户貸兩石官破十萬石不過濟得五萬户人户請納耗費房店宿食不過得一石五㪷入口未必能濟活一家而五萬户之外人户更不沾惠鞭撻驅催若得健吏亦不過收得十七其失陷三萬石可

必也又欲抄劄飢貧奏乞法外則濟不惟所費浩大有出無收而此聲一布飢貧雲集盜賊疾疫客主俱斃又况准條邊郡不得聚集飢民以上二事既皆不便只有依條將常平斛㪷依價出糶即官司簡便不勞抄劄勘會給納煩費但得數萬石斛㪷在市自然壓下物價境内百姓人人受賜古今之法莫良於此但以本州見管常平米二十七萬餘石每㪷衮紐到元本一百四文比在市實直尚多二十二文以此無人收糴若不別作奏請專守本條不與減價出糶深恐今年春夏新陳不接之際必致大叚流殍伏望聖慈愍念比之本

州將十萬石常平米依條借貸必須失陷三萬餘石非惟所給不廣而給納驅催之弊亦多特許將本路諸州軍見管常平米契勘在市實直如委是價高出糶不行即許每㪷於衮紐價錢上減錢出糶不得減過十分之二仍給與貧民曆頭令每日零買不得令近上人戶頓買興販仍限不得糶過本州縣見管常平數目三分之一約度定州合糶得九萬石若每㪷各減錢十分之二即本州紐計虧元本官錢一萬八千七十二貫文比之借貸失陷猶為省費而本州裏外出九萬石米在市則一境生靈皆荷聖恩全活又却得錢準備今來豐

熟物賤却行收糴兼利農末為惠不小者右伏乞朝廷
詳酌早賜施行如以為便即乞行下本司約束覺察轄
下官吏所貴人霑實惠謹錄奏聞伏候敕旨
貼黃契勘在市米價日長正是二月間合行出糶
伏乞速賜指揮入急遞行下
乞將損弱米貸與人戶令賑濟佃客狀
紹聖元年二月　日端明殿學士兼翰林侍讀學士左
朝奉郎知定州蘇軾狀奏右臣契勘本路州軍災傷闕
食人戶雖已奏准朝旨於法外減價出糶常平白米
賑濟訪聞民間闕乏少得見錢糴買尚有飢困之人

今點撿得定州省倉有專副杲榮趙昇界熙寧八年糴到軍粮白米及專副梁倹劉受界元豐三年米皆為年深夾雜損弱不堪就整充上軍人糧支遣每月只充廂軍次米帶支今契勘得逐次止帶支五百石比至支絶更須三五年間顯見轉至陳惡兼聞本州管下村坊客戸見今實闕餞糧其上等人戸雖各有田業縁值災傷亦甚闕食難以賑濟況客戸乃主戸之本若客戸闕食流散主戸亦須荒廢田土矣今相度欲望朝廷詳酌特降指揮下定州將兩界見在陳損白米二萬餘石分給借貸與鄉村第一等第二等主戸喫用令上件兩

等人戶據客戶人數不限石㪷依此保借候向去豐熟
日依元糴例並令送納十分好白米入官不惟乘此飢
年人戶闕食優加賑濟又使官中却得新好白米充軍
粮支遣及免年深轉至損壞盡為土壤如以為便即乞
速賜指揮行下謹錄奏聞伏候敕旨
貼黃今來已是春深正當春夏青黃不交之際可
以發脫得上件陳米斛㪷公私俱便若失此時則
人戶必不願請不免守支積年化為糞壤乞斷
自朝廷早賜指揮入急遞行下更不下有司徃復
勘會今來所乞借貸皆是臣與官吏體問上戶

願得此米以濟佃戶將來必無失陷與尋常賑貸一例支與貧下戶人催納費力事體不同乞早賜
行下

乞降度牒脩北嶽廟狀

紹聖元年三月日端明殿學士兼翰林侍讀學士左朝奉郎知定州蘇軾狀奏右臣伏見定州曲陽縣北嶽安天元聖帝廟建造年深屋宇頹弊自熙寧間因守臣薛向奏請止曾完葺正殿自餘諸殿及廊廡門宇墻垣久已踈漏破損前後累有守臣監司奏陳乞給賜錢或降度牒脩完皆准省符止令依條以施利錢物

充用緣近歲民間屢值災歉施利微薄只了得逓年
逐旋些小脩補後來劉奉世又乞依薛向例於安撫
司回易息錢內支錢三千貫助脩嶽廟亦不蒙朝廷
允許深慮摧壞日多為費滋大今據定州申檢計到
合用工料價錢三千三百餘貫乞降空名度牒一十
五道賣錢支用如朝廷不許降度牒即本廟有銀器
一千三百餘兩別無使用欲乞依令出賣收買材植
臣契勘上件銀器元　朝廷給賜以備供神之物若
行出賣恐於事體有損況所費錢數不多欲望
聖慈特依定州所乞數目給降度牒付本州出賣應

副脩造庶得廟宇稍完不致破壞仍令本州通判兩
員更互到彼提舉催促務要早令了畢上副朝廷崇
奉之意謹録奏聞伏候敕旨

貼黄臣伏以朝廷崇奉五嶽禮極嚴備凡有祈
禱多獲感應今北嶽廟見弊陋理當完葺蓋所
用度牒道數至少伏望特賜指揮施行庶稱朝
廷尊事嶽廟之意

東坡奏議卷第十四

東坡奏議卷第十五

代張方平諫用兵書

代滕甫論西夏書

代滕甫辯謗乞郡書

代李琮論京東盜賊狀

代呂大防乞錄用呂誨子孫劄子

代張方平諫用兵書 熙寧十年

臣聞好兵猶好色也傷生之事非一而好色者必死賊民之事非一而好兵者必亡此理之必然者也夫惟聖人之兵皆出於不得已故其勝也享安全之福其不

勝也必無意外之患後世用兵皆得已而不已故其勝
也則變遲而禍大其不勝也則變速而禍小是以聖人不
計勝負之功而深戒用兵之禍何者興師十萬日費千金
内外騷動怠於道路者七十萬家内則府庫空虛外則百
姓窮匱飢寒逼迫其後必有盜賊之憂死傷愁怨其終
必致水旱之報上則將帥擁衆有跋扈之心下則士
衆久役有潰叛之志變故百出皆由用兵至於興事
首議之人冥謫尤重蓋以平民無故緣兵而死怨氣充
積必有任其咎者是以聖人畏之重之非不得已不敢
用也自古人主好動干戈由敗而亡者不可勝數臣今

不敢復言請爲陛下言其勝者秦始皇既平六國復
事胡越戍役之患被於四海雖拓地千里遠過三代而
墳土未乾天下怨叛二世被害子嬰被擒滅亡之酷自
古所未嘗有也漢武帝承文景富溢之餘首挑匈奴兵
連不解遂使侵奪及於諸國歲歲調發所向成功建
元之間兵禍始作是時蚩尤旗出長與天等其春戾
太子生自是師行三十餘年死者無數及巫蠱事起
京師流血僵尸數萬太子父子皆敗班固以爲太子
生長於兵與之終始帝雖悔悟自克而歿身之恨已
無及矣隋文帝既下江南繼事夷狄煬帝嗣位此心

不衰皆能誅滅彊國威震萬里然而民怨盜起亡不
旋踵唐太宗神武無敵尤喜用兵既已破滅突厥高
昌吐谷渾等猶且未厭親駕遼東皆志在立功非不
得已而用其後武氏之難唐室凌遲不絶如綫蓋用
兵之禍物理難逃不然太宗仁聖寛厚克己裕人幾
至刑措而一傳之後子孫塗炭此豈爲善之報也哉
由此觀之漢唐用兵於寛仁之後故其勝而僅存秦
隋用兵於殘暴之餘故其勝而遂滅臣每讀書至此
未甞不掩卷流涕傷其計之過也若使此四君者方
其用兵之初隨即敗衂惕然戒懼知用兵之難則禍敗

之興當不至此不幸每戰輒勝故使狃於功利慮事不深
臣故曰勝則變遲而禍大不勝則變速而禍小不可不察
也昔仁宗皇帝覆育天下無意於兵將士惰偷兵革朽
鈍元昊乘閒竊發西鄙延安涇原麟府之間敗者三四
所喪動以萬計而海內晏然兵休事已而民無怨言國
無遺患何者天下臣庶知其無好兵之心天地鬼神諒其
有不得已之實故也今陛下天錫勇智意在富強即位
以來繕甲治兵伺候鄰國群臣百僚窺見此指多言用
兵其始也弼臣執國命者無憂深思遠之心樞臣當
國論者無慮害持難之識在臺諫之職者無獻替納

忠之議從徽至著遂成厲階既而薛向為横山之謀
韓絳効深入之計陳升之呂公弼等陰與之協力師
徒喪敗財用耗屈較之寶元慶曆之敗不及十一然
而天怒人怨邊兵背叛京師騷然陛下為之旰食者
累月何者用兵之端陛下作之是以吏士無怒敵之意
而不直陛下也尚賴祖宗積累之厚皇天保祐之深
故使兵出無功感悟聖意然淺見之士方且以敗為耻
力欲求勝以稱上心於是王韶構禍於熈河章惇造
釁於横山熊本發難於渝瀘然此等皆戕賊已降
俘纍老弱困弊腹心而取空虚無用之地以為武功

使陛下受此虛名而忽於實禍勉彊砥礪奮於功名故
沈起劉彝復發於安南使十餘萬人暴露瘴毒死者
十而五六道路之人斃於輸送貲粮器械不見敵而
盡以為用兵之意必且少衰而李憲之師復出於洮州
矣今師徒克捷鋭氣方盛陛下喜於一勝必有輕視四
夷陵侮敵國之意天意難測臣實畏之且夫戰勝之後
陛下可得而知者凱旋捷奏拜表稱賀赫然耳目之觀
耳至於遠方之民肝腦屠於白刃筋骨絶於餽餉流離
破產鬻賣男女薰眼折臂自經之狀陛下必不得而見
也慈父孝子孤臣寡婦之哭聲陛下必不得而聞也譬

猶屠殺牛羊刳臠魚鼈以為膳羞食者甚美死者甚苦使陛下見其號呼於挺刃之下宛轉於刀匕之間雖八珎之美必將投筯而不忍食而況用人之命以為耳目之觀乎且使陛下將卒精強府庫充實如秦漢隋唐之君既勝之後禍亂方興尚不可救而況所在將吏罷軟凡庸較之古人萬萬不逮而數年以來公私窘乏內府累世之積掃地無餘州郡征稅之儲上供殆盡百官廩俸僅而能繼南郊賞給久而未辦以此舉動雖有智者無以善其後矣且飢役之後所在盜賊蠭起京東河北尤不可言若軍事一興橫歛隨作民窮而無告其

勢不為大盜無以自全邊事方深内患復起則勝廣之
形將在於此此老臣所以終夜不寐臨食而歎至於慟
哭而不能自止也且臣聞之凡舉大事必順天心天之
所向以之舉事必成天之所背以之舉事必敗蓋天心
向背之迹見於災祥豐歉之間今自近歲日蝕星變地
震山崩水旱癘疫連年不解民死將半天心之向背可
以見矣而陛下方見斷然不顧興事不已譬如人子得
過於父母惟有恭順靜思引咎自責庶幾可解今乃紛
然詰責奴婢恣行箠楚以此事親未有見赦於父母者
故臣願陛下遠覽前世興亡之迹深察天心向背之理

絶意兵革之事保疆睦鄰安靜無為固社稷長久之計
上以安二宫朝夕之養下以濟四方億兆之命則臣雖老
死溝壑瞑目於地下矣昔漢祖破滅群雄遂有天下光
武百戰百勝祀漢配天然至白登被圍則講和親之議
西域請吏則出謝絶之言此二帝者非不知兵也蓋經
變既多則慮患深遠今陛下深居九重而輕議討伐老
臣庸懦私竊以為過矣然人臣納說於君因其既厭
而止之則易為力迎其方鋭而折之則難為功凡有血
氣之倫皆有好勝之意方其氣之盛也雖布衣賤士
有不可奪自非智識特達度量過人未有能勇於奮

發之中舍己從人惟義是聽者也今陛下盛氣於用武

勢不可回臣非不知而猷言不已者誠見陛下聖德寬

大聽納不疑故不敢以衆人好勝之常心望於陛下且

意陛下他日親見用兵之害必將哀痛悔恨而追咎左

右大臣未嘗一言臣亦將老且死見先帝於地下亦有

以藉口矣惟陛下哀而察之

代滕甫論西夏書

臣素無學術老不讀書每欲披竭愚忠上補聖明萬一

而肝肺枯涸卒無可言近者因病求醫偶悟一事推之

有政似可施行惟陛下財幸臣近患積聚醫云據病

當下一日而愈若不下半月而愈然中年以後一下一
衰積衰之患終身之憂也臣私計之終不以一日之
快而易終身之憂遂用其言以善藥磨治半月而
愈初不傷氣體力益完因悟近日臣僚獻言欲用
兵西方皆是醫人欲下一日而愈者也其勢亦未必
不成然終非臣子深愛君父欲出萬全之道也以陛
下聖明將賢士勇何往不克而臣尚以爲非萬全者
俗言彭祖觀井自係大木之上以車輪覆井而後
敢觀此言雖鄙而切於事陛下愛民憂國非特如彭
祖之愛身而兵者凶器動有存亡其陷人可畏有甚

於井故臣願陛下之用兵如彭祖之觀井然後爲得也臣竊觀自古用兵者莫如曹操其破滅袁氏最有巧思請試爲陛下論之袁紹以十倍之衆大敗於官渡僅以身免而操斂兵不追者何也所以緩紹而亂其國也紹歸國益驕忠賢就戮嫡庶並爭不及八年而袁氏無遺種矣向使操急之紹旣未可以一舉蕩滅若懼而脩政用田豐而立袁譚則成敗未可知也其後北征烏丸討袁尚袁熙尚熙走遼東或勸操遂平之操曰彼素畏尚等吾今急之則合緩之則自相圖其勢然也遂引兵還曰吾方使公孫康斬送其首已而果然若操者可謂巧於

滅國矣滅國大事也不可以速譬如小兒之毀齒以漸
摇撼之則齒脫而小兒不知若不以漸一拔而得齒則毀
齒可以殺兒故臣願陛下之取西夏如曹操之取袁氏
也方元昊強時謀臣猛將盡其智力十年而不敢近今
者主弱臣強其國内亂陛下使偏師一出斬名王虜偽
公主築蘭會等州此真千載一時天以賊授陛下之
秋也兵法有之同舟而遇風則胡越相救如左右手今
秉常雖為母族所篡以意度之其世家大族亦未肯
俯首連臂為此族用也今乃合而為一堅壁清野以
抗王師如左右手此同舟遇風之勢也法當緩之今天

威已震臣願陛下選用大臣宿將素為賊所畏服者
使兼師五路聚重兵境上號稱百萬蒐乘補卒牛酒
日至金鼓之聲聞於數百里間外為必討之勢而實
不出境多出金幣遣間使辯士離壞其黨與且下令
曰尺土吾不愛一民吾不有也其有能以地與衆降者即
以封之有敢攘其地掠其人者皆斬不出一年必有權
均力敵内自相疑者人情不遠各欲求全及王師之未
出爭為先降以邀重賞陛下因而分裂之即用其酋豪
命以爵秩棊布錯峙務使相仇如漢封呼韓邪通西域
故事不過於要害處築一城屯數千人置一將以護諸

部可使數百年面内保境不煩城守餽運豈非萬全之至計哉臣願陛下斷之於中深慮而遠計之夫為人臣計與為人主計不同人臣非攘地效首虜無以為功為陛下計惟天下安社稷固耳陛下神聖冠古動容舉意皆是功德但能措太山之安與天地等壽則竹帛不可勝紀而堯舜禹湯不足過也議者不知出此爭欲急於功名履危犯難以勞聖慮臣竊不取古人有言省功不如省事省事不如清心劉洎諫唐太宗曰皇天以不言為貴聖人以不言為德老子稱大辯若訥莊子言至道無文且多記則損心多語則損氣心氣内損形

神外勞初雖不覺後必為累須為社稷自愛人臣愛君未有如洎之深切者也臣竊慕之雖謫守在外不當妄言然自念舊臣譬之老馬雖筋力已衰不堪致遠而經涉嶮阻粗識道路惟陛下哀憫其愚而憐其意不勝幸甚

代滕甫辨謗乞郡書

臣聞人情不問賢愚莫不畏天而嚴父然而疾痛則呼天窮窘則號天蓋情發於中言無所擇豈以號呼之故謂無嚴畏之心人臣之所患不止於疾痛而所憂有甚於窮窘若不號呼於君父更將趍赴於何人

伏望聖慈少加憐察中謝臣本無學術亦無材能惟有忠義之心生而自許昔季孫有言見有禮於其君者事之如孝子之養父母也見無禮於其君者誅之如鷹鸇之逐鳥雀也臣雖不肖允蹈斯言但信道直前謂人如已既蒙深知於聖主肯復借交於衆人任其惷愚積成仇怨一自離去左右十有二年浸潤之言何所不有至謂臣陰黨反者故縱罪人若快斯言死未塞責切伏思宣帝漢之英主也以片言而誅楊惲太宗唐之興王也以單詞而殺劉洎自古忠臣烈士遭時得君而不免於禍者何可勝數而臣獨蒙皇帝陛下始

終照臨愛惜保全則陛下聖度已過於宣帝太宗而臣之遭逢亦古人所未有日月在上更何憂虞但念世之憎臣者多而臣之賦命至薄積毀消骨巧言鑠金市虎成於三人投杼起於屢至儻因疑似復致人言至時雖欲自明陛下亦難屢赦是以及今無事之日少陳危苦之詞晉王導乃王敦之弟也而不害其為元臣崔造源休之甥也而不廢其為宰相臣與反者義同路人獨於寬大之朝為臣終身之累亦可悲矣凡今游宦之士稍與貴近之人有葭莩之親半面之舊則所至便蒙異待人亦不敢交攻況臣受知於陛下中興之

初効力於衆人未遇之日而乃毀訾不忌踐踏無嚴臣
何足言有辱天眷此臣所以涕泣而自傷者也今臣
既安善地又忝清班非敢别有僥求更思録用但患
難之後積憂傷心風波之間怖畏成疾敢望陛下憫
餘生之無幾究前日之異恩或乞移臣淮浙間一小
郡稍近墳墓漸謀歸休異日復得以枯朽之餘仰
瞻天日之表然後退伏田野自稱老臣追敘始終之
遭逢以詫鄉鄰之父老區區志願永畢於斯伏願
陛下憐其志察其愚而赦其罪臣無任感恩知罪激
切屏營之至

代李琮論京東盜賊狀 元豐

右臣伏見自來河北京東常苦盜賊而京東尤甚不獨穿窬祛篋椎埋發塚之姦至有飛揚跋扈割據僭擬之志近者李逢徒黨青徐妖賊皆在京東凶愚之民殆已成俗自昔大盜之發必有釁端今朝廷清明四方無虞而此等常有不軌之意者殆土地風氣習俗使然不可不察也漢高帝沛人項羽宿遷人劉裕彭城人黄巢宛朐人朱全忠碭山人其餘歷代豪傑出於京東者不可勝數故凶愚之人常以此藉口而其材力心膽實亦過人加以近年改更貢舉條制掃除腐爛專取學術

其秀民善士既以改業而其朴魯强悍難化之流抱其無用之書各懷不逞之意朝廷雖敕有司別立字號以收三路舉人而此等自以世傳朴學無由復踐場屋老死田里不入彀中私出怨言幸災伺隙臣每慮及此即為寒心揚雄有言御得其道則天下狙詐咸作使御失其道則天下狙詐咸作敵而班固亦論劇孟郭解之流皆有絕異之姿而惜其不入於道德苟放縱於末流是知人之善惡本無常性若御得其道則向之姦猾盡是忠良故許子將謂曹操曰子治朝之能臣亂世之姦雄使韓彭不遇漢高亦與盜賊何異臣竊嘗

為朝廷計以謂窮其黨而去之不如因其材而用之何者其黨不可勝去而其材自有可用昔漢武嘗遣繡衣直指督捕盜賊所去以軍興從事斬二千石以下可謂急矣而盜賊不為少衰者其黨固不可盡也若朝廷因其材而用之則盜賊自消而豪傑之士可得而使請以唐事明之自天寶以後河北諸鎮相繼僭亂雖憲宗英武亦不能平觀其主帥皆卒伍庸材而能於六七十年間與朝廷相抗者徒以好亂樂禍之人背公死黨之士相與出力而輔之也至穆宗之初劉總入朝而河北始平總知河北之亂權在此輩於是盡藉軍中宿將名

豪如朱克融之流薦於朝冀厚與爵位使北方之人
羡慕向進革其亂心而宰相崔植杜元頴皆庸人無
遠慮以爲河北既平天下無事克融輩久留京師終
不録用飢寒無告怨忿思亂會張洪靖赴鎮遂遣還
幽州而克融等作亂復失河朔今陛下鑑唐室既往
之咎當收京東河北豪傑之心臣伏見近日沂州百
姓程棐告獲妖賊郭進等竊聞棐之弟岳乃是李逢
之黨配在桂州豪俠武健又過於棐京東州郡如棐
岳者不可勝數此等弃而不用即作賊收而用之即
捉賊其理甚明臣願陛下精選青鄆兩帥京東東西

職司及徐沂兗單濰密淄齊曹濮知州諭以此意使
陰求部内豪猾之士或有武力或多權謀或通知術
數而曉兵或家富於財而好施如此之類皆召而勸
奬使以告捕自效籍其姓名以聞於朝所獲盜賊量
輕重酧賞若獲眞盜大姦隨即録用若只是尋常刼
賊即累其人數酧以一官使此輩歆艶其利以為進
身之資但能拔擢數人則一路自然競勸貢舉之外
別設此科則向之遺材皆為我用縱有姦雄嘯聚亦
自無徒但每州搜羅得一二十人即耳目徧地盜賊無容
足之處矣歷觀自古奇偉之士如周處戴淵之流皆

出於群盜改惡修善不害爲賢而况以捉賊出身有何不可若朝廷隨材試用異日攘戎狄立功名未必不由此塗出也非陛下神聖英武不能決行此策臣雖非職事而受恩至深有所見聞不敢瘖默謹録奏聞伏候勑旨

代吕大防乞録用吕誨子孫劄子元祐元年

臣竊見故御史中丞吕誨忠於先朝極陳讜論致忤時宰繼死外藩臣等皆甞與之同官備聞論議一切出於至誠而有不撓不回之節雖處散地未甞一日有忘朝廷之意憂傷憤疾以致殞没臨終之日

召司馬光面託後事無一言及其家私惟云朝廷事猶可救願公更且竭力歷觀前後議臣忠勤忘身少見其比今其家甚貧諸子仕於常調欲望聖慈特賜矜憫優加贈典録用諸子之才者以旌名臣之後取進止奉聖旨吕由庚除太常寺太祝

東坡奏議卷第十五